集古梁溪

陶冶 编著

无锡市文物交流中心甲子臻萃

上海书画出版社

前　言

　　无锡，又称梁溪，地处南北交通之津，南拥太湖，北倚长江，得"太湖明珠"之美誉，京杭大运河穿城而过，是太湖流域史前文明和江南文明的主要发源地之一。早在七千多年前就有人类聚居，据《史记·吴太伯世家》记载，三千二百年前的商朝末年，古公亶父长子泰伯为遂父愿，让位于三弟季历，偕二弟仲雍，东奔江南，定居梅里，拓荒耕地，筑城立国，传播文化，自称"句吴"，又有二千五百多年前春秋时期的吴国建都史(阖闾城遗址)。隋唐以后，随着京杭大运河的开通，无锡河道中"商旅往复，舟船不绝"，经济文化日趋繁盛。时至明清，已然成为江南有名的"鱼米之乡"。近现代以来，无锡逐步发展成为中国民族工商业的摇篮。

　　梁溪多娇，依锡惠之百里翠屏，临震泽之万顷碧波，山清水秀，人杰地灵，蔚为人文荟萃之区。璀璨的吴文化孕育造就了烛照史册的历代俊杰，无锡的历史名人不可胜数，如中国古代十大画家中东晋的顾恺之、元代的倪云林、明代的王孟端，均为中国绘画史上的代表人物。明代思想家东林党领袖顾宪成，明代大旅行家徐霞客，近代散文家、外交家薛福成，中国现代作家、文学家钱钟书，艺术大师徐悲鸿、吴冠中，紫砂大师顾景舟等等。深厚的历史人文底蕴使得大量的珍贵历史文物沉积在无锡这块锦绣繁华的大地上。

　　2021 年正值中国共产党建党 100 周年，同时恰逢无锡市文物交流中心成立 60 周年。为庆祝建党百年华诞，回顾无锡市文物交流中心 60 年的发展历程，集中展示 60 年来文物保护的丰硕成果和重要意义，他们从历年收购的文物精品中，遴选出近两百件套珍贵文物，配以精美图片，辅以详尽介绍，编辑出版《集古梁溪》图册，以供文博界、艺术界和广大文物爱好者鉴赏和研究之用。希望能够通过这些珍贵文物，体验感悟中华民族辉煌灿烂的历史文化，进而传承弘扬伟大的民族精神和民族灵魂。

　　《集古梁溪》按照类别进行编排，共分为绘画、陶瓷器、玉石器、竹木牙角、印章、杂项六部分。汇集了李鱓的《嵩龄长春图》、邹一桂的《五君子图》、秦祖永的《山水图》、钱松喦的《崇岩藏云图》、徐悲鸿的《柳马图》、张大千的《仕女图》、马元驭的《花鸟图册》、秦古柳的《山水册页》等明、清和近现代大家的书画力作。绘画题材涵盖山水、人物、花鸟，书体涉及真、草、隶、篆，可谓群贤毕至，少长咸集，丹青泼彩，翰墨香溢。

此外西晋青釉胡人烛台、南宋龙泉窑鬲式炉、宋旧玉雕瑞兽佩、辽金白玉龟游莲叶饰件，有着较高的历史及艺术价值；明嘉靖青花龙纹盘、明青花五彩龙凤盘、清雍正釉里红三鱼纹盘、清翡翠扳指，彰显出宫廷器物雍容华贵的非凡气度。而图册的一大特色是精选了江雨三刻瓷瓷板、毕伯涛粉彩文具、陈鸿寿印章、潘西凤竹刻笔筒、钱泳刻汉白玉水仙盆、徐钟明鸟笼钩、杨彭年三镶紫砂锡包壶等一批名人、名仕、名家的器物或作品，散发出强烈的文人气息，如一丝清风，令人心灵清静高雅。

当前，文化兴国、文化强国已成为我国的国家发展战略，习总书记说："要系统梳理传统文化资源，让收藏在禁宫里的文物、陈列在广阔大地上的遗产、书写在古籍里的文字都活起来。"《集古梁溪》的结集出版，既为社会提供了良好的文化产品，又向社会展示无锡市文物交流中心 60 年来几代人的奋斗足迹，从一个特定的侧面记载并显示出新中国文物事业，特别是文物流通行业发展成长的风雨历程。

无锡市文物交流中心作为国有文物经营单位，自成立 60 年来，依靠自身的巨识和法眼，从流散在社会上的真赝文物中，披沙沥金，日积月累，为国家创造大量外汇，为博物馆提供众多藏品，为国家文物保护做出了突出的贡献。回顾历史，展望未来，在十四五规划开局之年不忘初心继续为文博事业凝聚新主题，诠释新理念，讲述新故事。

无锡市文广旅游局党委书记、局长　蒋蕴洁

目 录

器以载道

——观古悟道体现出的人文情怀

陶　冶

　　春风和煦，又是一季。值我党百年华诞之际，谨撰本册以显江南文采风物，更彰国运昌隆久盛。

　　无锡历来别称梁溪、金匮，身处吴地，北邻长江，南面太湖，东交上海，西接南京，是南北天堑、东西通衢的交通要冲。加之土地肥沃，农商发达，由此，以经济为后盾，民风重教，自古文脉绵延不绝。历史上巨匠耸峙，若星河瀚海，璀璨夺目。书画一道，自东晋顾恺之始，元倪云林继之，及至近代徐悲鸿独辟蹊径，以马传称，皆画坛巨匠、时代俊彦而垂名竹帛。紫砂之艺，亦冠绝古今，自供春、时大彬以降代有大家，逐步从单纯实用丰满为兼具文人精神的风雅之物，卓然巨碑。诚然，锡绣、泥人、竹刻等术也是传承有序，屡有回响而于今不绝。锡城一地钟灵毓秀，博采众长，不仅体现传统文人风貌的书画艺术代代繁荣发展，即便是作为民间艺术的各种手工艺也在文人精神的感召和影响下，突破传统，与时共进，在贴合大众审美的基础上，渐次向更高层次的文人审美转化。本册精选无锡市文物交流中心成立60年来向社会收购的近两百件套藏品，多从藏品所载的内在信息，向读者展示古代传统艺术的博大精深和借物抒怀的无穷魅力。

一、文人之雅如兰

　　文人之雅如兰，清幽而意境深远。文人

图 1 潘西凤款竹雕高士雅集图小笔筒

图 2 钱泳刻汉白玉水仙盆　　　　　　　　　　　　　　图 3 许善长生瓷仿汉砖长方笔洗

的意趣也多寄情于山水之间、花鸟之乐、文字之美，生活之恬静。语曰：天下有道则仕，无道则隐。古来儒生奉之如贻。有道之时自不必说，无道时节，文人们大多结伴于山林别泉，不问国事，少谈是非，把一腔报国的热血尽数赋予俯仰可见的美好和雅致。因此，古代艺术品中，有关于文人意趣的作品是最为常见的。

潘西凤款竹雕高士雅集图小笔筒（图 1）。笔筒圆口，下修三足，苍松虬曲，竹林青劲，远山隐约，近水潺潺，秋台重聚，高士醉溪，清旷之景神韵独绝。文人雅士散修恣狂之态毕现。既反映了当时安定昌盛的社会状态，也显现了文人们纵情山水的潇洒。翻阅潘西凤的简历，很巧合的是，几乎完全覆盖乾隆一朝。他的一生，正是大清王朝鼎盛的缩影，物质社会极度富足，人民生活安居乐业，文人们有更多的物质保障来做出更多前瞻性的探究和无限可能。这小小的笔筒，完美演绎出文人们悠游慕古的情结和恬淡闲适的惬意。

钱泳刻汉白玉水仙盆（图 2）。勒白石为盆，盆边浅刻枯笔山水，不仅充分展示了工匠的高超技艺，同时昭显了画稿作者的技法传承，更揭示了钱泳的审美高度。思想上，由盛极的乾隆朝晚年到守成不足的嘉庆朝，再到步入衰落的道光朝，见识了盛世不再后的凋敝暗沉，两世为人的唏嘘落寞。技艺上，承袭了倪云林枯笔山水的表现手法，心中的隐痛和呐喊，借由画笔一一呈现。文人的审美，从来不是一成不变的，文人的意趣，也与家国情怀是息息相关的。

许善长生瓷仿汉砖长方笔洗（图 3）。笔洗两面仿汉砖铭文。一面刻有考据题识，另有白文印章："吉金贞石"和"碧声吟馆"。结字端庄和穆，刻工深峻有度。晚清是个矛盾的集合体，既有同光中兴的昙花一现，也有慈禧专权的杂乱无章，甚而至于有屈膝列强的羞辱暗淡。文人们对国运的感同身受和休戚与共，深深的影响着他们的审美。由具象的画而入抽象的字，雅则雅矣，也默默地诉说着文人们的无奈和不甘。

二、文人之节如竹

苏轼诗云：宁可食无肉，不可居无竹。竹是雅的，合了文人们的心性；竹是硬的，挺了文人们的风骨。古往今来，汗牛充栋的汗青里，从来不缺乏铮铮铁骨的文弱书生。尤其是以"天子守国门，君王死社稷"著称的明代，后世谓"不纳贡、不称臣、不割地、不和亲"。国家风尚如此，所以有死谏的直臣，有血战的儒将，有殉国的良相，有靖难的君王。向来被视为柔弱温情、文风蔚然的江南之地，在晚明抗清的斗争中，前赴后继出现了扬州十日、嘉定三屠和江阴八十一日。然而，再大的波折，也没有折了"五斗米"的脊梁，更没有断了三千年的文脉。

枝山款青玉雕诗文梅花方盒（图4）。祝允明，别名枝山，明代著名书法家，与唐寅、文徵明、徐祯卿并称"吴中四才子"。祝枝山不畏权贵的事例耳熟能详，生而不凡，没有俗相，不作媚态，只有响当当的胸膛，直楞楞的铁梁。这青玉诗文梅花方盒配诗："酒清花绮雪交加，睡足春宵春梦赊。夜半微雨打窗纸，不知是雪是梅花。"有文人遐思的清雅之气，也有斗酒驱寒的硬气。

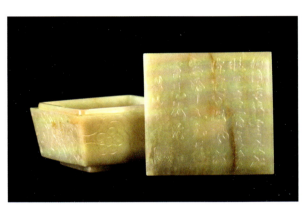

图4 枝山款青玉雕诗文梅花方盒

瑶草款白玉雕螭龙佩（图5）。马士英，字瑶草，明万历进士。晚明末期，与史可法、高宏图等拥立朱由崧为弘光帝。其以一介书生，转战于太湖腹地，誓死不降。其情之重，其节之坚可见一斑矣。此件玉佩，落"瑶草"款，洁白莹润，饰以大小螭龙各一。大螭龙俯首以视，小螭龙仰颈而待，正昭示了君臣团结共保华夏正统的决心和意志。

三、文人之志如菊

有关于菊最有名的诗句应该是靖节先生的"采菊东篱下，悠然见南山"，寓意归隐与淡泊。看多了世事的变迁，参透了人生的真谛，用澹泊的心情面对，以归隐的方式释怀，或许是旧时代文人最终的宿命。家国抱羞下的无力感和挫败感，是历朝历代以来文人们共同的心酸、最后的抗

图5 瑶草款白玉雕螭龙纹佩

图 6 杨彭年制竹隐铭三镶紫砂锡包壶

图 7 徐悲鸿柳阴三骏图轴

争。文人的澹泊仿佛秋天里盛放的菊花，独处一隅，寂然生香。

杨彭年制竹隐铭三镶紫砂锡包壶（图6）。壶身刻有诗文："小石冷泉留早味，紫泥新品泛春华。""煮甘泉，烧红叶，一榻清风半帘明月。"杨彭年，壶中名家、竹隐居士、扫眉才女。道光时期正是民族中落的发端，满腔抱负付之东流大概是那时代文人们最大的隐痛。"一榻清风"，风里是记忆的寥落；"半帘明月"，帘间是清冷的萧索。"冷泉"留的是古早之味；"新品"泛的是旧时春华。文人看似淡泊的闲适里，掩藏了深深的寂寞。

四、文人之春如梅

徐悲鸿是幸运的，他的幸运在于经历了新旧更替的蜕变。如梅花般，开在寒冬里，预见了春天的来临，在最凛冽的黑暗里指向涌动的温煦的暖流。文人的幸福，莫过于此。"江南无所有，聊赠一枝春。"陆凯赠梅予友人。"师法造化，寻求真理。"徐悲鸿寻求的是画技的真理，亦是寻求的普世的真理，他留的是冬梅悄结的萦绕暗香，更是早春终至的不绝暖香。

徐悲鸿《柳阴三骏图》（图7）。创作于1944年。这一年，由于常年大量事务、作画的辛劳，他罹患了高血压和慢性肾炎，经过七个月的精心治疗，终于逐步好转。此画明里，自然是对于大病初愈的欣然释怀，却同时也暗合了对于抗战胜利的期盼以及民众思变的人心涌动。这是徐悲鸿个人感情生活的新生，也是他展望未来国家民族的新生。

五、文人之韧如松

历史的浩渺烟波里，始终轻扬的是文人情怀的清风，微弱却不绝，照拂着华夏文明艰难前行。文人，也始终是这片土地的柱石和鉴镜。或书或磬，街头巷尾，流于唇齿，掩于岁月。幸赖能工巧匠，志之笔墨撰刻，传之不朽瑰艺，以留万世之瞻仰。

邹一桂《五君子图》（图8），"五君子"分别为松、柏、梅、兰、竹，其中苍松横斜，破石而出；松针撇划，干脆利落，杂而不乱。古人常谈：观画可见其为人。邹公落笔松树的锋芒和坚忍，可以想见其为文人的一身铮铮铁骨。

六、文人之洁如荷

"出淤泥而不染，濯清涟而不妖"，一句盛赞莲花的高洁自爱，引后世崇效。文人清高，但正是骨中的这股清贵之气，吞吐呕沥出文人群体特有的裹挟着家国情怀的自爱自清精神。近代刻竹名家庞仲经所作的竹浅刻荷花诗文扇骨（图9），扇骨挑灯方头，小骨和边道髹黑漆。一面刻荷花图，以线刻和减地阳刻的手法，表现荷花花苞，荷叶和花茎，层次分明。荷叶舒展曼妙，出泥不染；花苞斜伸独立，生姿顾盼。句曰："人将收网去，鸟亦认巢忙。最是桥头好，先邀明月光。"被收的，是江山；想认的，还是旧巢。桥头是出世的桥头，月光是前朝的月光，前半阙写风景，后半阙道短长。文人最是低不得头，手无缚鸡之力改变不了被更迭的命运，不仕而隐总是可以的，以诗明志总是可以的。清瘦若莲梗，坦荡若莲叶，孤傲若花苞。文人如莲，出仕廉洁，隐世高洁。

图 8 邹一桂五君子图

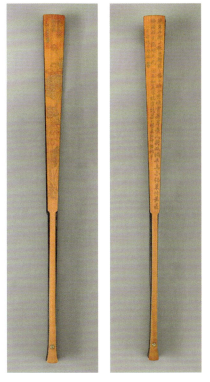

图 9 庞仲经竹浅刻荷花诗文扇骨

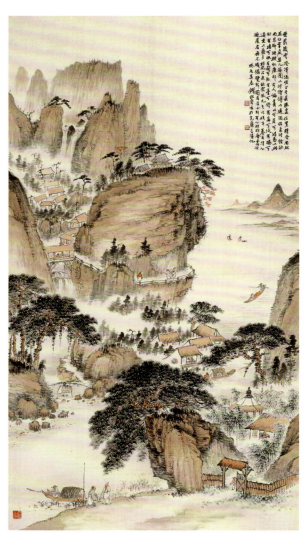

图 10 钱松嵒崇岩藏云图

七、文人之坚如石

哪怕是在历史长河中，闪着机敏慧光的文人亦不是个个能立不朽之业，于是岩石也成为聊以自况的对象。早在《孔雀东南飞》中就有我心匪石不能转的比喻，石头是从容不屈的。钱松嵒《崇岩藏云图》（图 10）中的岩石，崇岩藏云，澄潭涵空，占其最胜处位置。他自言览斯图者，必有心领神会处也。想必其心意早已跃然纸上，有石之性的文人一见如故，体现出国家危难时，坚如磐石、不屈不挠的民族气节，对祖国大好河山的热爱和幸福生活的向往。

"河山更迭赖机杼，江东每多读书人"。江南风物，自带芳华。无论是瓷玉书画还是竹木牙雕，处处透着清雅，常常带着风骨。文人辈出的繁茂之地，艺术品向来不缺乏他们的参与和观照，透射出耀眼的民族之光。毛公句："数风流人物，还看今朝。"当恰乾兴之时，古代艺术珍品不仅展露着它们自身的精致绝妙，同时辉映着掩藏于故纸堆里的文人的箐华和风骨，更不断提醒着后来人修剔省身、勠力同心，为中华民族的伟大复兴而踔厉奋发。

觅宝·藏珍

——无锡博物院自市文物交流中心征集藏品综述

杨启明

文物交流中心（前身为文物商店）和博物馆（院）都是我国文博事业的重要组成部分，在文物保护中发挥着各自的作用。文物交流中心收集社会流散文物，可谓为国觅宝，博物馆则集文物征集、收藏、展示、宣教、研究于一体，可谓藏珍无数。文物交流中心收集的部分品质较高的文物提供给博物馆，丰富了博物馆的藏品体系，两者也形成了紧密的合作关系。

无锡博物馆（现为无锡博物院）从上世纪 60 年代以来，从无锡市文物商店（现为无锡市文物交流中心）陆续征集了近三百件（套）文物，这些文物种类丰富，品质优良，特色明显：（一）覆盖的材质广，年代跨度大。这些文物包含了书画、瓷器、玉器、石器、青铜器、金银器、铁器、竹木牙雕和钱币等，年代从新石器时代一直到现代，以明清文物为主。（二）品相较好，品质优良。这些文物被征集到博物馆后，在国家等级文物评定中，被评为国家一级文物的 3 件套，二级文物 15 件套，三级文物 105 件套，近半数都是国家珍贵文物，还有些未定级的文物无论品相还是品质都是十分优良的。（三）地方地域特色明显。书画作品多为无锡籍画家，或与无锡关联密切。器物也大多反映江南文化，其中不少文人雅玩、书斋用具，借此对明清江南文人士大夫生活可略窥一二，当然也不乏出自无锡或是周边能工巧匠的精品。以下将重点介绍其中具有代表性的文物藏品。

清杨芝山款西园雅集核雕（图 1），此件核雕呈椭圆形，长径 3.3 厘米，短径 3.1 厘米，国家一级文物。核雕通体赭红润泽，上下有贯穿的圆孔，可供穿线佩挂。主题选取著名的北宋文人盛会"西园雅集"为

图 1 清杨芝山款西园雅集核雕

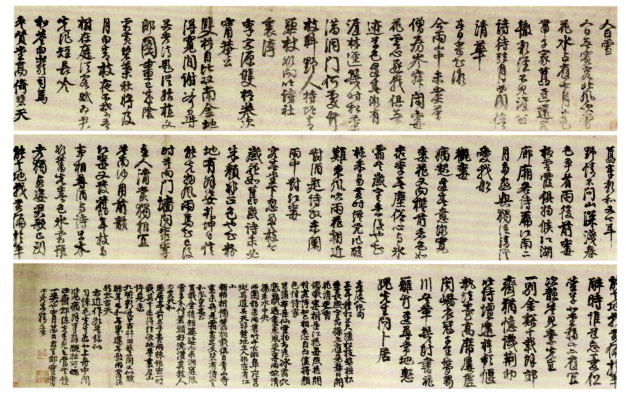

图 2 明邵宝行书自书诗卷

题材，根据米芾《西园雅集图记》中所记的园林山水布局和人物形态，依照核外形起伏之势巧妙布局。核左右两侧的脊雕成树木花叶，形成两个半球画面，画面上雕刻山石松柏，在山石林木掩映之间，巧妙布局三组人物，分别表现西园雅集时作诗、观画、题石、吟诵、讲经、听琴等场景。通过阴刻、圆雕、镂雕、浮雕等技法在方寸之间刻画 19 人，并惟妙惟肖地表现了他们各自不同的人物活动，显示出作者非凡的艺术造诣。核雕山石上镌刻楷书铭文，上部刻"新槎四兄雅玩"，下部刻"芝山"名款，当为无锡核雕名家杨芝山送给星槎四兄而作。杨芝山（1821 年 –1875 年），名学善，无锡人，工镌刻，善刻人物。此件西园雅集核雕，构思精巧，雕工精细，是晚清核雕工艺中的杰作。

明邵宝行书自书诗卷（图 2），洒金笺，纵 30 厘米，横 421 厘米，国家一级文物。全卷以行书书写自作的诗句，其中包括五言 1 首，七律 7 首，绝句 8 首，诗文直书性灵，自然质朴。此卷是作者病后所书，据其生平推断，当为明正德中后期。全卷虽作者自谦"病余笔弱，丑拙可愧"，但笔力厚重，沉稳端庄，全无弱态。本卷被《中国古代书画目录》《中国古代书画图目》《书法丛刊》等收录。邵宝（1460 年 –1527 年），字国贤，号泉斋，别号二泉，江苏无锡人。明成化二十年（1484 年）进士，后历任户部郎中、江西提学副使、浙江按察使、都察院右副使都御史、贵州巡抚、户部侍郎、礼部尚书等职。他一生好学且重视文教，在江西九江修缮白鹿洞书院，在无锡惠山创建尚德书院，以处贤才学子。他博览群书，藏书丰富，

图 3 现代徐悲鸿柳马图轴

著述丰富，有《容春堂集》《简端录》《大儒奏议》《慧山记》《漕政举要录》等。他是李东阳的门生，茶陵派诗人之一，是明代著名的藏书家和学者。

现代徐悲鸿柳马图轴（图 3），1962 年于市文物商店征集。纸本，纵 108 厘米，横 38.2 厘米。画中细密的柳条随风摆动，一匹瘦马立于柳树之下，鬃毛在风中飞扬，构图简洁，重心突出，墨色浓淡相宜。画面用劲健之笔重笔突出了马的颈部、臀部和腿部，与作者所绘奔马的舒展飞扬不同，这匹马消瘦而思虑重重。虽是春日之景，但细如离愁的柳条和回收低望的瘦马，透出作者的忧思与哀愁。徐悲鸿（1895 年 –1953 年），原名徐寿康，江苏宜兴人，中国现代著名画家，"金陵三杰"之一。他将西画技法融入国画，改良传统中国画，强调对象的写实和作品的思想内涵，所作国画彩墨浑成，尤以奔马享名于世。

明镂雕花卉纹荷叶形犀角杯（图 4），1986 年于市文物商店征集。通长 14.8 厘米，通宽 10.8 厘米，高 9.8 厘米，国家二级文物。

图 4 明镂雕花卉纹荷叶形犀角杯

图 5 清东山报捷图竹刻笔筒

图 6 清高其佩指画松鹰图

此杯以药用价值高的亚洲犀角制成，俯视而观，杯如收拢的荷叶，叶缘向内外侧交错翻卷。侧视杯外壁四周，根据犀角之形以高浮雕、阴刻雕刻出牡丹、菊花和梅花，与杯身的荷叶状巧妙的组成四季花卉纹饰。杯底以虬枝盘成圈，形成镂空底，虬枝延伸至杯口连接，形成柄。虬枝巧妙连接三种花卉，底与牡丹相连，柄处菊花盛开，柄上枝干逸出梅枝，延伸在杯壁之上，一派生机勃勃，生意盎然之景。犀角因形状限制，多以艺术形式雕刻成杯，加上犀角本身是名贵药材，使用者以之饮酒以达到强身健体之效。犀角杯，材料稀有珍贵，又兼具实用、保健、艺术功能，是古代使用者地位财富和奢华生活的象征。流传的犀角杯多为明清时期作品，且数量较少，此杯雕刻巧妙，线条流畅，纹饰精美，非名家之手莫办。

清东山报捷图竹刻笔筒（图 5），直径 12.1 厘米，高 14.6 厘米，国家三级文物。笔筒选取靠近根部的一节竹段，径大肉厚，平口，以竹节横膜为底。外壁取材历史故事，作者运用深浅浮雕，兼用透雕、阴线、阳刻等技法，刻画了淝水之战东山报捷的一幕。在悬崖峭壁之下，松柏虬曲苍劲，谢安与一老者对弈，谢安身后侍女二人互相交谈，老者身后一人转过身亦无心观棋，峭壁的另一侧，一骑兵勒马张望，急切寻找的神态。画面通过刻画随从的心思不定和骑兵的神情急切，加上场景的幽深，凸显了谢安的沉着镇定和运筹帷幄决胜千里的智慧。笔筒构图丰满，布局得体，将竹刻与书画艺术很好的结合起来，是典型的嘉定派竹雕。笔筒皮色红润透亮，典雅端庄，虽无款识，但非大家之手莫办，年代亦不晚于清初，是传世竹刻中难得的精品。

清高其佩指画松鹰图（图 6），1986 年市文物商店征集。绢本，纵 190.5 厘米，横 98 厘米，国家二级文物。画面远山高耸如壁立，远山四周大片留白，仿佛云气漫布；近处岩石上苍鹰两只站立，一前一后，一左一右，一昂首张望，一回首琢羽；

图 7 清 "大清雍正年制" 款釉里红三鱼纹盘

一枝松枝从画面下方伸出，开出两叉，一枯一荣。画面布局疏密相间，墨色浓淡相宜，松枝虽着墨不多但恰到好处，既丰富了构图也稳定了画面的重心，使构图既简洁又丰满，有化腐朽为神奇之功效。作者以指代笔，点染皴擦，从俯视的角度通过远山、近处的苍鹰松枝，表现出人迹罕至的野外高远的意境。高其佩（1660 年–1734 年），字韦之，号且园、南村、书且道人、山海关外人、创匠等，辽宁铁岭人，隶籍汉军。他工诗善画，人物山水，苍浑沉厚，尤善指画。他是指画的开山之祖，虽在唐即有用指作画者，但能自成一家的开创者非高其佩莫属。

清 "大清雍正年制" 款釉里红三鱼纹盘（图 7），此盘一套两件，大小相差无几，

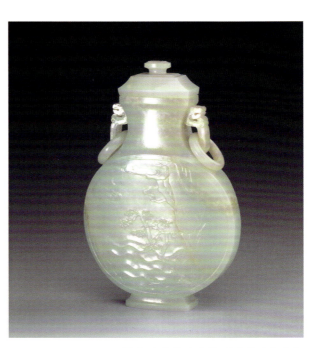

图 8 清乾隆山水纹环耳青玉宝月瓶

口径 15 厘米，足径 9.2 厘米，高 3.1 厘米，国家二级文物。敞口、斜弧腹、圈足、圈足内青花双圈款"大清雍正年制"双行楷书，器型规整，款识端正。淡豆青釉地，盘外壁以釉里红填绘三鱼纹，釉里红发色鲜亮，微有不均处略白，形成剪影的视觉效果。雍正的三鱼盘为摹明宣德釉里红三鱼器而作，据养心殿造办处档案记载，雍正六年，太监海望传旨"着选宫内宣德三鱼器鲜红者，照样烧造盘碗若干"，由此可见，雍正皇帝对此类盘碗的喜爱。此对三鱼纹盘虽略有瑕疵，一件圈足内釉面粘沙，另一件一鱼鱼身泛白，但整体而言，此对三鱼纹盘胎釉精细，釉里红发色稳定，是民间流传中难得一见的精品。

清乾隆山水纹环耳青玉宝月瓶（图 8），通高 17 厘米，腹径 11 厘米，最厚 2.8 厘米，国家二级文物。青玉质，分盖和身两部分，子母口。方盖向上渐收成成斛状，圆钮；方口，夔龙耳，耳中套圆环，腹扁而圆，四方圈足。腹部圆内雕刻山水纹饰，一面月上树梢，碧波荡漾，一面山间明月，流水潺潺，线条圆润流畅，纹饰端庄精美。器身很好地将方的硬朗和圆的饱满融合起来，很好地将中国传统的方中育圆，圆中见方的智慧体现出来。宝月瓶，也叫抱月瓶、福寿瓶、扁瓶、扁壶，是中国传统的器型。宝月瓶的器型源自宋元时期西夏的马挂瓶，左右双系，用以挂于马鞍之侧，明清时期发展为陈设用器，多见于景德镇窑烧造的瓷器，玉器较为少见。乾隆时期和田玉的开采规模达到鼎盛，像这类大件的玉雕，只有在乾隆之后才较多出现，其用料和工艺都是前代极少见的。

清马少宣内画双獾图水晶烟壶（图 9），2018 年市文物交流中心征集。水晶胎，椭方体壶身，配金属盖，盖上镶嵌翡翠。一面内壁绘《双獾图》，两只獾在草地上嬉戏打闹，

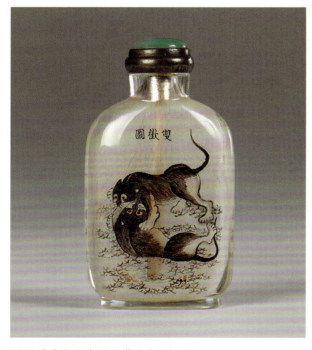

图 9 清马少宣内画双獾图水晶烟壶

上方题"双獾图"三字。作者以明暗的浅墨色调，严谨娴熟的笔法将双獾根根分明的毛发和嬉闹打斗的神态逼真得表现出来，让观者很难相信是用笔在壶内反画出来的。另一面以欧体楷书书写"于京师作。春宵一刻值千金，花有清香月有阴，歌管楼台声细细，秋千院落夜沉沉。壬寅仲夏马少宣"，下"少宣"白文印。马少宣（1867年–1939年），原名光甲，与周乐园、叶仲三并称中国内画艺术三大巨匠。器作品题材广泛，山水、人物、花草、虫鱼、书法样样精通，尤以人物肖像、书法最具特长。这件鼻烟壶落款"壬寅仲夏"，作者艺术创作主要在光绪十九年（1893年）到

图 10 唐海兽葡萄纹铜镜

民国十六年（1927年）年，此壶当画于 1902 年，是作者正值盛年的作品，虽在尺寸之间，但笔力苍劲，画风严谨，是晚清内画鼻烟壶中的精品。

唐海兽葡萄纹铜镜（图 10），1976 年市文物商店征集。直径 10 厘米，厚 1 厘米，重 410 克。圆形，伏兽钮，无钮座，镜以轮环为间隔分内外二区，内区以折枝葡萄纹为地纹，四只游动的瑞兽，首尾相对，形象生动。外区在错综交缠的葡萄果叶中，雀鸟与跑兽相间，还有蝴蝶飞于期间，活泼灵动。镜缘处饰一圈花卉纹。此面铜镜铸造精致，纹饰交错相间，华丽繁缛，但整体画面协调统一，有大唐繁华盛世的气象。纹饰均为浮雕式，活泼中不乏精湛细致，具有较高的艺术价值。

我国的博物馆系统和文物商店系统均是 20 世纪五六十年代形成，1960 年，国务院在批复文化部、商业部、外贸部关于研究执行《关于改变文物商业的性质和管理体制的方案》里指出文物商店："负责收集流散在社会上传世文物，并有计划地供应各地博物馆、研究机关和学校作为陈列性研究参考之用。"1981 年则更加明确提出这一点，并把完成这一任务作为检验的尺度。无锡市文物交流中心（此前的无锡市文物商店）在这 60 年的时间内，为博物馆提供种类繁多，品质上乘的文物，不仅体现了自身的业务水平和能力，更是很好地传承、保护了文物，取得了很好的社会效益。

无锡博物院藏两件西晋青瓷研究

张 帆

图1 西晋青瓷狮形器

图2 西晋青釉胡人捧兽器

无锡博物院先后从无锡市文物交流中心（无锡出土）征集了两件西晋青瓷器（一般认为是烛台，具体功能争议下文具体陈述，本文为方便陈述行文以器称之，下同），一件是西晋青釉狮形器（图1），另一件为西晋青釉胡人捧兽器（图2）。这两件均是六朝青瓷中较为典型的器型，许多博物馆也藏有相同或相类的器物，其功用和文化意义也引起了学界的广泛讨论。

一、西晋青瓷狮形器

此件狮形器长12.5厘米，宽5厘米，高8.7厘米，1976年从无锡市文物商店征集入馆（无锡出土），现为国家三级文物。狮四脚屈膝，四爪及地，昂首挺胸，怒目裂齿，身体雄健有力。长须贴于胸前，呈椭圆形，两耳；略有缺失，背毛纷披，体毛倒卷，腹无羽翼，尾如蜈蚣草紧贴臀股，背有一孔，孔上当有一圆形插管。胎体灰白色，施青釉，釉层较薄，篦划鬃毛、长须。器身中空，但内有块状物，应是合范成型。狮虽跪伏状，但整体显得威严雄健。

狮形器是西晋青瓷中的经典器型，多地墓葬都出土过。从目前已知有明确纪年的墓葬来看，以西晋为多，东晋初期亦有少量出土，年代最早的是江苏南京西晋太康七年

图 3 西晋辟邪形器 上海博物馆

图 4 临沂市博物馆

（286 年）画像砖墓，最晚的在浙江永嘉县雨伞寺 8 号墓，为东晋永和十年（354 年），此后鲜见出土，随着象生器的衰落逐渐消亡。[1] 此种器型虽出土不少，但名称尚不统一，有的称之为辟邪，有的称作狮，有的则笼统为兽形。"辟邪"是中国神话传说中的一种瑞兽，也是形似狮子但有双翼，所以辟邪和狮子类似，只是多了羽翼，此件器物腹部无羽翼，故称为狮形更为妥当。还有一类腹部明显画有羽翼，如上海博物馆收藏的一件（图 3）[2] 和山东临沂市博物馆收藏的一件（图 4），此类有明显羽翼表达的称之为"辟邪"更为妥当。此外，狮子虽不产自中国，但自汉代丝绸之路开通后，文献中不少关于狮子产地以及贡狮的记载（下文详述），可见狮子是当时人们新奇的外来物种。

二、西晋青釉胡人捧兽器

此器物造型为胡人形，（无锡出土）口径 3.5 厘米，底径 6.4 厘米，高 21 厘米。胡人高鼻大眼，须眉浓密，头戴卷沿高筒帽，沿上划网格纹，帽筒顶边有弦纹；身穿联珠纹镶缘上衣，两手捧一兽，兽首似羊，有长尾，或为斑羚；器身中空，无底，背部近底处有缺损，与湖北武汉钵盂山 322 号墓出土的胡人骑兽器的胡人上身十分近似（图 5），可能是底部残缺磨平而成。从成型工艺来看，这件器物分体制作连接而成，帽筒内壁有弦纹，应是拉坯而成，胡人身为合范而成。

图 5 西晋胡人骑狮烛台 湖北省博物馆藏

图6 安徽舒城胡人骑狮器　　　　　图7 晋青釉胡人骑狮瓷水注　　　　图8 胡人骑狮器
　　安徽博物院藏　　　　　　　　　　临沂市博物馆藏　　　　　　　　　故宫博物院藏

胡人骑狮这一器型共发现五件，分别是湖北省博物馆藏武汉钵盂山322号墓出土[3]，安徽博物院藏安徽舒城出土（图6）[4]，临沂市博物馆藏临沂洗砚池1号墓出土（图7）[5]，故宫博物院藏（图8），还有一件是江苏句容西晋墓出土的青釉狮形残座，狮身两侧贴塑两腿应为此类器型。这些出土的器物中，有些墓葬有明确的纪年。临沂洗砚池1号墓同出的有曹魏正始二年（241年），西晋太康七年（286年）、八年（287年）、十年（289年）纪年的铜器和漆器。江苏句容石狮公社出土的残件出土于明确的西晋纪年墓葬——元康四年（294年）。目前已知考古出土未见更晚年代的此类器物出土，因此看来，此种器型的器物年代当在西晋，至晚也在东晋初年。

三、功用的讨论

关于这两件青瓷器的功用，目前学界仍有争议。虽考古也出土了不少类似器物，尤其是狮形带背筒的器型，有些还是正式的考古发掘，相关的信息较为全面，但由于年代久远，相关文献记载较少，学界并未达成共识。主要集中在烛台还是注子，此外还有认为是灯具、酒具、插器等，以下将具体陈述其中的理由与质疑。

（一）烛台说

烛台说是目前学界较为主流的说法，《中国陶瓷》[6]《中国陶瓷史》[7]都采用这一说法。《中国陶瓷史》中还明确驳斥了水注说，"狮形烛台过去被认定为'水注'，认为是盛水的文具。它的成型方法与当时盛行的蛙形水盂和敛口扁圆腹水盂完全不同，后者是拉坯成型，

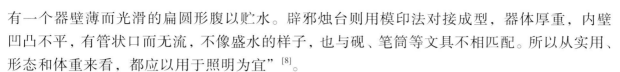

有一个器壁薄而光滑的扁圆形腹以贮水。辟邪烛台则用模印法对接成型，器体厚重，内壁凹凸不平，有管状口而无流，不像盛水的样子，也与砚、笔筒等文具不相匹配。所以从实用、形态和体重来看，都应以用于照明为宜"[8]。

另外从蜡烛的使用来看，蜡烛至晚在汉代就已经出现，西晋时上流社会普遍使用，所以这种带筒状器物用作烛台是合乎情理的。汉代刘歆著、东晋葛洪辑抄的《西京杂记》中就有进献蜜蜡的记载。考古也证实了汉代已使用蜡烛，河南密县打虎亭汉墓中出现了使用蜡烛的画像[9]。到了西晋，《世说新语·汰侈》记载石崇与王恺斗富"石季伦用蜡烛炊"[10]"石家蜡烛何曾剪"[11]，《晋书·周顗传》说到周顗宽以待人时，说到他弟弟喝醉酒后"以所燃蜡烛投之"[12]，可见至少在士大夫阶层中，蜡烛是常用常见之物。且考古发掘的墓葬中此种器物有位于祭台或是壁龛附近，如南京板桥镇石闸湖晋墓出土的狮形烛台在祭台下[13]，山东临沂洗砚池出土的胡人骑狮烛台在壁龛下，因此推断其功用为烛台。

（二）注子说

反对烛台说的认为这两种器型作为烛台不合情理。首先，这两种器型，狮形背筒和狮身，胡人帽筒和胡人身均是中空，蜡烛燃尽易掉落器体内。如若是烛台，背筒与狮身、帽筒与胡人之间不应打孔联通。其次，狮形背筒高的达到8厘米–9厘米，胡人帽筒也有10厘米左右，那么不论蜡烛露出的部分有限，使用起来不甚合理，且筒状的尺寸从1.2厘米到3.7厘米不等[14]，尺寸不一，因此不适合用于插放蜡烛。

持注子说的认为，根据目前发掘出土的带背筒狮形器和胡人骑狮器，出土时多伴有文房用具，当为文房器具。有学者做过统计，在有明确出土地的45件狮形器中，除了18处墓葬信息不明外，有23处出土有伴出物，其中有12座出土了砚台或砚板，5座出有水盂，3座既有水盂也有砚，只有3座没有出土与文房用具一起出土，且这3处均存在被盗情况[15]。其中江苏仪征县胥浦乡90号墓出土的狮形器放置于砚台之上，广州是西北郊桂花岗4号墓出土的狮形器在砚台左侧，右边还有一团墨，山东临沂洗砚池1号墓出土是胡人骑狮器伴有瓷砚出土[16]，因此推断其为文房注水磨墨之用。此外还有1件出土于水井，认为其功能当于水相关，与烛台无关。

此外根据元人陶宗仪在《辍耕录·神人狮子》中记述了晋墓陆氏墓葬出土胡人狮子器"冢砖上，有'太元二年造'五字……冢中得古铜罍、勺、壶、洗、尊、鼎、杂器之物二百余件。内一水滴，作狮子昂首轩尾走跃状。而一人，面部方大，髭须飘萧，骑狮子背。左手握无底圆桶，右手臂鹰。人之脑心为窍，以安吸子。吸子，顶微大，正盖脑心，俨一席帽。胡人衣褶及狮、鹰羽毛，种种具备。通身青绿，吸子，浑若碧玉……"文中记载的水滴与胡人骑狮器十分相似，被认为是水滴，因此佐证了此种器物作为水注的功用。

（三）灯具说

质疑水注说的学者提出，伴出物中除了有与砚台一同出土的还有与青瓷猪笼、青瓷猪圈和青瓷俑一同并排摆放，且并无砚台，[17]文房用具为实用器不可能与冥器摆放在一起。其次，不论是狮形器还是胡人骑狮器虽中空，但都只有一孔，水注当有两孔。另外还有一些类似狮

图 9 高背筒狮形器
　　新泰市博物馆藏

图 10 东晋青釉虎形背筒器
　　　温州市博物馆藏

形器背筒甚高，如山东新泰果都镇后高佐村西晋墓出土的狮形器（图9）[18]，通高16厘米，背筒高达19.8厘米，温州市博物馆藏浙江永嘉县礁下山出土的一件东晋虎形背筒器（图10），虽作虎形[19]，但功用应属一类器物，器身高30.1厘米，筒状占了近三分之二，显然用作水注不合理。

明文震亨《长物志·器具·水注》中写道："水注之古铜玉者，俱有辟邪、蟾蜍、天鸡、天鹿、半身鸩鹆杓、金雁壶诸式滴子……大抵铸为人形，即非雅器，又有犀牛、犀牛、天禄、龟、龙、天马口卸小盂者，皆古人注油点灯，非水滴也。"虽是明代文献，但不可否认人形水注确实不符合文房用具雅致特征，文中还明确提出此种器型当为油灯。有些学者还指出，此种器型是传说中的长明灯。器内中空，又无开放盏托，使得照明时间更长，且长明灯是丧葬礼仪中重要用具，长明不灭是供生者哀悼，也是指引死者平安、快速得到达极乐世界的重要器具。质疑者提出，此两种器具均为管状口，上面并无托盘，灯芯易滑落，且出土有盘状灯具。

以上这三种说法各有各的论据和理由，但质疑的理由也都十分合乎情理。值得注意的是，此种器物一般一个墓葬只出土一件，但山东新泰果都镇后高佐村西晋墓出土的狮形器有两件，造型相同只是一件背筒短，一件背筒高出许多。笔者推断在西晋时期此种造型样式十分流行，不同功用的器物之间都可能采用此种造型，或许要根据器物具体情况确定其功能，如器物的大小，背筒的高矮，口径的大小来确定。另一种推测是，一种器物承担多种功能，非单一功能。当然这两种关于功用的推测，具体情况还有待进一步研究论证。

四、造型来源及文化意义

胡人，并不是特指某个名族，一般来说指生活在西域及周边各名族的统称。西晋时期，匈奴人是常见的胡人。东汉建武二十四年（48年）分裂为南、北两支，北匈奴西迁到欧洲，南匈奴入居内地，西晋末期成为逐鹿中原的"五胡"之一。但欧洲史学家约丹内斯描述，匈奴人身材短小、敦实，五官平坦，肤色黝黑，塌鼻子，大头、小眼，可知匈奴为蒙古人种。另外，从《史记·匈奴列传》中描述"披发椎结"是匈奴人的打扮。此件胡人捧兽俑的胡人，深目高鼻，多须，为欧罗巴人种，与匈奴人在人种与装束均不相同。西晋时期活跃在西域的中亚地区还有个群体是粟特人，史称昭武九姓胡。粟特人擅长贸易，西晋时期，粟特人在丝绸之路贸易中沟通中西，并在丝绸之路沿线定局。《史记·大宛列传》记载"自大宛以西至安息，国虽颇异言，然大同俗，相知言，其人皆深眼，多须髯"。这里记载的就是粟特人，与胡人捧兽器的胡人形象较为吻合。关于粟特人的较少，《大唐西域记》中有"服毡褐，衣皮氎，裳服褊急，齐发露顶，或总剪剃，绛彩络额"，唐刘正言《王中丞宅夜观舞胡腾》中描写石国胡儿"织成蕃帽虚顶尖，细氎胡衫双袖小"，从这两则文献可看出，粟特人衣服以紧身窄袖为特征。虽是唐代文献，但年代相差并不远，装饰总体风格变化应该不大。此器胡人的服饰紧贴身体，与文献记载比较符合。

　　这种头部带孔的胡人形器在汉代就已出现，汉晋时期较为流行。故宫博物院藏汉陶绿釉胡人灯俑（图11），武汉市博物馆藏汉铅釉人形陶烛台（图12），上海博物馆藏汉绿釉抱婴踞妇陶灯（图13），虽名称各异，但器物中的人形都是高鼻深目的胡人特征。此外，在汉代的石刻中也有胡人的形象。[20] 这些汉代的胡人形象与西晋时期的又略有差异，如汉代的胡人头顶的是喇叭状筒，西晋则近似圆柱形，如汉代胡人的交颈服饰与西晋不同。但由于汉代

图11 汉陶绿釉胡人灯俑　　　　图12 汉铅釉人形陶烛台　　　　图13 汉绿釉抱婴踞妇陶灯
　　故宫博物院藏　　　　　　　　武汉市博物馆藏　　　　　　　　上海博物馆藏

的陶器和石刻，有些具体细节由于年代原因变得较为模糊，汉代胡人与晋流行的胡人是否为同一族群，亦或是同一形象在不同时期的流变，还有待进一步的研究。

与胡人形象西来相同，狮形也是西传入中原的形象。中国古代不产狮子，自汉代张骞出使西域，"丝绸之路"开辟后，狮子才逐渐传入中国。狮子在古代有师（狮）子、狻猊（麑）的称呼，这些称呼也是外来语。据学者考证，师子这一称呼可能来源于吐火罗语月氏方言[21]，狻猊则是源于塞语[22]或是印度语[23]。文献中对狮子的最早记载在西汉时期，《汉书》记载乌弋山离国出产"师子"，此后《后汉书》中的条支和大秦，《魏书》中的拔国、悉万斤国、伏卢尼国和呼似密国都出产狮子，据考证这些国家在中亚和西亚地区[24]。正史中也不断有丝绸之路周边国家贡狮的记载，据统计东汉共四次，南北朝四次。[25]将狮子这一形象表现在艺术作品中，自西汉就有了，比如苏州虎丘出土的西汉狮形铜座、徐州东汉早期墓葬的石刻狮子。

胡人和狮子都从西域而来，胡人捧兽器和狮形器将当时中西文化交流以物的形式将反映出来。他们是当时文化交流中生动的具象和体现，不仅是形象本身，还有其背后的文化思想的交流碰撞。狮子与佛教文化紧密相连，狮子是菩萨们的坐骑，墓葬中的狮形器或是西晋时期佛教的广泛传播的反映。狮子外来的神秘，以及它本身的勇武与权威，或是人们用于驱邪避害之用兼具镇墓之用。胡人形象或因粟特人擅长经商，将西方的香料和珍奇异宝的运给皇室贵胄，胡人捧兽或有奢侈珍贵的象征意义。亦或是胡人和狮子均是从西而来，西来的神秘被本土道教当作西方求仙的神兽和仙人，体现丧葬礼仪的道教文化，是外来文化本土化的体现。墓葬中胡人器和狮形器所反映的文化，学界虽然有各种不同的声音，但其外来性和具文化或宗教意义是共识。

注释：

[1]陈杰出、石荣传：《两晋带背筒狮形器的用途及定名问题》，《四川文物》2008年第3期，第76页。
[2]林朴、金星：《晋代青瓷兽》，《史学月刊》1985年第2期，第118页，封底图片。
[3]湖北省博物馆官网－典藏－陶瓷。
[4]安徽省博物馆编：《安徽省博物馆藏瓷》，文物出版社出版，2002年，第31页。
[5]山东省文物考古研究所、临沂市文化局：《山东临沂洗砚池晋墓》，《文物》，2005年第7期，第21页。
[6]冯先铭：《中国陶瓷》，上海古籍出版社，2001年，第256页。
[7]中国硅酸盐协会：《中国陶瓷史》，文物出版社，1997年，第160页。
[8]同[1]。
[9]河南省文物研究所：《密县打虎亭汉墓》，文物出版社，1993年，图版九，第462页。
[10]【南朝宋】刘义庆撰、【南朝梁】刘孝标注：《世说新语·卷六 汰侈》，《诸子集成》第8册，上海书店，1986年，第232页。
[11]同[10]。
[12]《晋书·周顗传》，中华出局，1974年，第1851页。
[13]南京市文物保管委员会：《南京板桥镇石闸湖晋墓清理简报》，《文物》1965年第6期，第37页。
[14]同[1]，第77页。

[15] 同 [1]，第 77 页。

[16] 同 [5]。

[17] 南京博物院：《江苏江宁县张家山西晋墓地》，《考古》1985 年第 10 期，第 908 页。

[18] 张柏：《中国出土瓷器全集·山东卷》，科学出版社，2008 年，第 16 页。

[19] 温州市博物馆官网－瓯窑瓷器。

[20] 郑岩：《汉代艺术中的胡人形象》，《艺术史研究》第一辑，中山大学出版社，1999 年，第 136 页。

[21] 林梅村：《汉唐西域与中国文明·狮子与狻猊》，文物出版社，1998 年，第 87—95 页。

[22] 同 [21]。

[23] 张之杰：《狻麑、师子东传试探》，《中国科技史料》，2001 年，第 4 期。

[24] 岑仲勉：《汉书西域传地里校释·上》，上海古籍出版社，1981 年；陆水林：《贾帕尔桑河谷及其交通初探》，《西域研究》2013 年第 3 期；陈海涛：《汉唐之际粟特地区诸国与中原王朝的关系》，《敦煌学辑刊》1991 年第 1 期。

[25] 杨瑾：《胡人与狮子：图像功能与意义再探讨》，《石河子大学学报（哲学社会科学版）》2016 年第 1 期，第 15 页。

方薰及其《秋寺寻诗图》

鲍佳铖

　　摘要：无锡博物院所藏《秋寺寻诗图》，为清中期画家方薰所绘，能够在多方面体现画家的画学思想。此卷描绘了众文士间的一次雅集，由鲍廷博嘱托方薰绘制并赠送给秦瀛，后经刘世珩、刘之泗、"正旧"等人以及无锡市文物商店递藏，其流传经历又在一定程度上反映了日寇侵华的暴行。

　　关键词：方薰；《秋寺寻诗图》；秦瀛；鲍廷博；贵池刘氏

　　无锡博物院藏有九十余件来源为无锡市文物商店的书画藏品。方薰的《秋寺寻诗图》卷堪称这批藏品中的精品佳构。

　　方薰（1736 年 –1799 年），字兰坻，号兰士，又号兰如、兰生、樗盦生、长青、语儿乡农等，石门（今浙江桐乡）人。性高逸狷介，朴野如山僧，终身为布衣。诗、书、画、印并妙，绘画各科兼擅，写生尤工，与奚冈齐名，称"方奚"。幼慧敏，侍其父方梾游三吴两浙间，即以笔墨著称。父殁，乃就食桐乡金德舆家。金德舆嗜书画，多购禾中项元汴旧藏属其摹仿，由是朝夕点染，山水、人物、花鸟，悉臻其胜。山水结构精微，风度闲逸。花卉逸娟洁明净，绰有余韵。晚年好作梅、竹、松、石，而写生极荒率者，但笔趣直追元人。刻印入文、何之室，又能上窥秦汉。著有《山静居画论》《山静居诗论》等，后人辑有《山静居遗稿》四卷[1]。

　　方薰以其《山静居画论》（为行文之方便，下文简称《画论》）而著名。《画论》至迟完成于 1797 年[2]，是方薰晚年梳理、总结几十年绘画经验的结晶，以随笔形式写就。书中见解多不因袭前人而追本溯源、穷根竟委，并能针对时弊，有所匡正。余绍宋即评价道："是编为兰坻自抒心得之作，杂论诸家画派及各种画法，极为精到，不甚袭前人陈言。而自序味诸家绪论，颇得旨趣，窃为削繁就简，不揣窭陋，别缀琐语，益足征其冲挹之怀，以视他家窃取成说以为己作者真有霄壤之别矣。"[3]《秋寺寻诗图》即在多方面体现了方薰在《画论》中阐述的画学思想。

方薰　秋寺寻诗图

（一）

　　《秋思寻诗图》，纸本设色，画心纵 30 厘米，横 125.5 厘米，二级文物。描绘了叠翠流金的季节，一众文人士大夫放舟湖上，正欲过访一处幽静的古刹，岸上已有老僧躬身相候。画心左下角有画家落款："乾隆乙卯（1795 年）嘉平既望石门方薰写。"后钤"兰士"朱文印。

　　方薰是一位正宗传统派的画家，他在《画论》中说："皴法如荷叶、解索、斧劈、卷云、雨点、破网、折带、乱柴、乱麻、鬼面、米点诸法，皆从麻皮皴法化来，故入手必自麻皮皴始。"[4]且不论此种说法的正确性和科学性，其中反映出方薰尤注重披麻皴的练习。此卷山石用淡墨层层皴擦，皴笔含蓄蕴藉、圆润从容，无处不体现着披麻皴技法的纯熟，且线条流畅自然，富于变化，颇具书法韵味。方薰经过多年的研习，使用该技法时自是得心应手、游刃有余。《画论》亦云："（皴）淡笔宜骨力。"[5]图中皴笔亦一如其画论，笔画结实，无浮弱之弊，山峦的圆厚体积和清晰脉络均由此得到了很好的表现。点苔浓淡相间，铺排有度，繁而不乱，点明画作描绘的是夏秋交替时节的景象，既加强了山石的厚重感，又使画面一反秋天的萧瑟而呈现出一种爽朗的氛围。

　　图中林木稠密，丛树多作点叶，或俯仰，或揖让，或顾盼，树与树之间的关系处理得当。这些关系体现在一组树中，也体现在组与组之间，远观而彼此层次自分。方薰画树时十分注重安插排布，《画论》中多有论及，如"画树无他诀，在形势位置相宜而已……若形势既得，位置变化，随处生发得宜，则妙矣"，"画树四围满，虽好只一面。画树虚实之，四面有形势"等。[6]此卷山体上多用长短不一的短条子点簇成林，其中再穿插几株高大的树木，即采取虚实布势，使树林繁而不塞。这些分布在两岸的高树亦用不同方法表现，寺庙一侧多鹿角枯枝，于密中见疏；对岸则多枝杈纷披，于疏中见密，多重对比之中，形势自得。

　　此图在谋篇布局上亦不落窠臼，正是其画论"凡作画者，多究心笔墨，而于章法位置，往往忽之，不知古人丘壑生发不已，时出新意，别开生面，皆胸中先成章法位置之妙也。一如作文，在立意布局新警乃佳。不然，缀辞徒工，不过陈言而已"[7]的反映。整图虽仍以平远取势，但却将景物集中布置在画卷右侧与上部，画卷左侧与下部则留之以大片空白，用以表现宽阔的湖面，使整个画面呈现出右密左疏，上密下疏的特点。构图上强烈的虚实对比凸显了水面的波澜不惊、明洁如镜，进一步强化了画中秋高气爽、风和日丽的环境，营造出宁静祥和、明润淡远的意境。景物之间远近分明，寺庙所在的坡渚离观者最近，其次是寺后之峰峦，再次是峰峦对岸屋舍掩映的小岛，接着是小岛左侧的平坡，小岛与平坡之间架设有一顶小拱桥，使二者在空间上的过渡更加自然，最后则是无尽的远山。景物分布参差有致，增强了画面的纵深感，避免了因留白过多而可能导致的单薄乏味。

　　有学者认为方薰在为其赞助者创作的某些山水画中昭示了一种理想中的文人境界，这些赞助者本身就是文人，他们希望借方薰的画昭示个人情怀，寄托对极易逝去的珍贵生活的怀恋与怅惘[8]，方薰的这件作品似乎也体现出这一特点。图中之扁舟不仅仅起到了点景的作用，方薰将其安排在画卷的中心位置，意在强调人的主体地位，重点表现这帮文人士大夫之间的闲情逸致。因此人物虽用率意的寥寥数笔画就，但却各具情态，有安然闲坐对谈者，有起身以手指岸者，有在船头翘首以盼者，观者可以鲜明地感受到舟中洋溢着一种酣畅的兴致。方薰并未将整件作品描绘成众人在寺内活动的场景，而是将笔墨着力于刻画寺庙周边环境，把人物安排在距目的地一箭之遥处，此举不禁使人想起"雪夜访戴"的典故，行将到达时想必即是众人兴致最高之时，方薰在此图构思上的高妙由此可见一斑。

<h2 align="center">（二）</h2>

　　此卷引首为楷书"秋寺寻诗图"，款署"息尘盦"，后钤"雪澂"朱文印、"王秉恩印"白文印。王秉恩（1845 年–1928 年），字雪澂，号茶龛，别署息尘盦主，华阳（今四川双流）人。同治十二年（1873 年）举人，曾任广雅书局提调。精目录校勘之学，收藏明末清初史籍稗乘之书极富，另多藏金石书画。辛亥革命后寓居上海，鬻平生所藏自食[9]。引首题于戊辰（1928

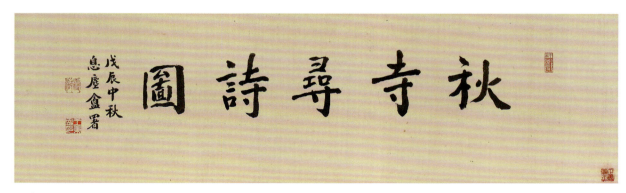

秋寺寻诗图 引首

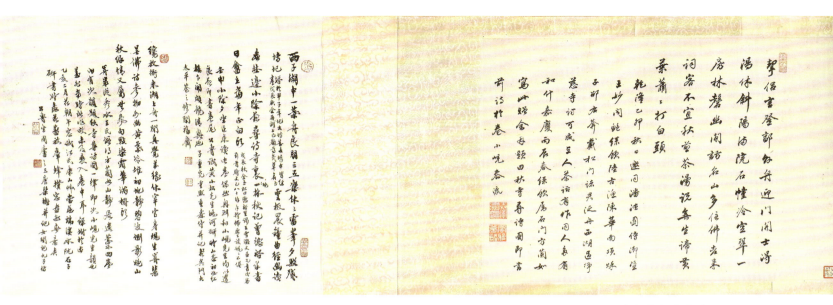

秋寺寻诗图 题跋

年）中秋，王秉恩正卒于此年。

卷后则有秦瀛一跋、刘之泗二跋。秦瀛（1743年–1821年），字凌沧，一字小岘，号遂庵，江苏无锡人。乾隆三十九年（1774年）举人，官至刑部侍郎。以诗古文名当世，工行楷，有董其昌意，兼善隶书。著有《小岘山人诗文集》《遂庵日知录》等。[10] 秦瀛所题为七律一首："挈侣言登郭外舟，迎门开士得汤休。斜阳满院石幢冷，空翠一房林磬幽。闲访名山多住佛，老来词客不宜秋。煎茶漫说无生谛，黄叶萧萧打白头。"诗后自注曰："乾隆乙卯（1795年）秋日邀同潘德园[11]侍御暨王妙问[12]、鲍绿饮、陆古渔[13]、陈华南[14]、项秋子[15]、邵右莘[16]、戴松门[17]诸君泛舟西湖，过净慈寺，访可成上人，茶话有作，同人多有和什（诗）。嘉庆丙辰（1796年）春，绿饮属石门方兰如写此赠余，因题曰秋寺寻诗图，即书前诗于卷。"起首钤"文字缘"朱文印，款后钤"秦瀛印"白文印、"风雅菩萨"白文印。

根据秦瀛交待的背景资料，可知此图追述了一次他发起的雅集，图中所绘之湖与寺分别为西湖和净慈寺，是参与者之一鲍绿饮在事后嘱托方薰绘成赠予他的。

丙申年（1776年）乾隆东巡，秦瀛以举人召试山东行在钦赐一等，授内阁中书，由此步入仕途。乾隆癸丑（1793年）八月，秦瀛擢浙江温处兵备道离京；甲寅（1794年）十一月，调杭嘉湖海防兵备道；嘉庆庚申（1800年）四月，擢浙江按察使，十一月调湖南按察使离浙。[18] 秦瀛在浙江为官前后约七年时间，此次雅集时他正在杭嘉湖道任上。绿饮即乾嘉年间著名藏书家鲍廷博（1728年–1814年），字以文，号渌（绿）饮，安徽歙县人，随父思诩居杭州，后定居桐乡。力学好古，喜购秘籍，虽重价勿吝，蓄异书几及千种，并取所藏善本和珍抄旧刻，亲自校对，汇刻成《知不足斋丛书》。编纂《四库全书》时，他献书六百余种，受到乾隆嘉奖。[19]

方薫与鲍廷博为至交，《山静居画论》最初正是在 1798 年作为《知不足斋丛书》的一部分而刊行的，而秦瀛与鲍廷博的交游则不为人所共知。鲍氏于乾隆甲辰移家桐乡[20]，但他似乎仍会时不时返回杭州。吴骞即在《吴兔床日记》里多次写道他到一处名为"醉茶轩"的书局拜访鲍氏，如"至西湖访绿饮于醉茶轩书局（1795 年 5 月 15 日）"，"过醉茶轩，与绿饮、鄂岩同游昭庆……（1797 年 6 月 12 日）"，"午后至醉茶轩访绿饮、鄂岩[21]、嬾嬬（即方薫），并不值（1797 年 10 月 5 日）"。[22]《小岘山人诗文集》中有三首诗涉及到鲍氏，其中之一即秦瀛题跋此卷之诗，集中题作《秋日邀同潘德园、王妙闻、鲍绿饮、陆古渔、项秋子、邵右荃、戴松门泛舟湖上，过净慈寺茶话有作》，另二首则分别为《寿渌饮七十》《鲍绿饮、张芭堂相继殂谢，慨然成咏》。秦瀛在上述哀悼诗中有句云："夕阳楼上望，萧瑟是西湖。"并自注"向余识两人于西湖上"，由此可以推断二人最初结识应当是在秦瀛任职浙江之后、鲍氏逗留杭州之时。鲍氏在秦瀛诗集中出现的次数不如陈韶、项墉、邵怀粹等客居杭州或籍贯为杭州者那样频繁[23]，这应当和他已迁居桐乡、没有太多机会和秦瀛见面有关。鲍氏特意请方薫作图追忆此次出游，想必是受到了秦瀛的热情款待并且十分尽兴。

根据蒋宝龄《墨林今话》的记载[24]，阮元在视学浙江时（时间在 1795 年秋至 1798 年秋），慕方薫之名将其招致杭州，然而方薫过了一年左右的时间便返回了桐乡。秦瀛诗集中有一首《嘉庆丁巳（1797 年）闰六月，阮学使芸台侍郎邀余及吴穀人侍讲、程也园吏部、陈古华太守月夜憩湖上之湖心亭，属石门方兰士为之图，逾年为戊午六月，学使复邀余与古华及刘澄斋舍人游湖心亭，暑雨适至，集饮极欢，始出兰士所作图示，乃为补题七古一首并寄穀人、也园》，由此可知 1797 年夏方薫尚在阮元身边。吴骞的日记又表明，1797 年 10 月中旬方薫还在杭州停留。《山静居遗稿》卷四中有一篇名为《武林还，秋热时甚，留憩青墩，毛大初文携新诗药饵见访，喜而见答》[25]，此诗虽无纪年，然诗中云"白头我已知非子"，很可能就是晚年的方薫离杭归里时所作。综上所述，方薫客居杭州的时间大概在 1796 年秋至 1797 年秋[26]。因受鲍氏嘱托时方薫还在桐乡，所以图绘成一段时间后才有机会被交到了杭州的秦瀛手中，秦瀛题跋中所表述的当是他在 1796 年春收到了此图，而不是鲍氏到 1796 年春才请方薫作图，如此方薫落款时间在 1795 年腊月便说得通了。

此卷后被近代收藏出版家刘世珩[27]所得，画心右下角钤有其鉴藏印——"刘世珩观"朱文印，至于刘世珩何时从何人之手获得此卷则尚不能考。刘世珩卒后，此卷为其子刘之泗所继承，拖尾右下角的"之泗嗣守"朱文印也印证了这一点。

刘之泗（1902 年-1937 年），字公鲁，安徽贵池人。为人豪荡，能诗善画，其父卒后，家道中落，移家苏州，以读书自娱[28]。他的第一跋为自作七律一首，题跋缘由则是"壬申小除夕坐匡床读此卷，偶然兴到，和小岘先生均（韵），以遣良夜"，诗中记叙了他拜访王秉恩请题引首之事："戊辰秋，余至虹口德裕里谒王雪澂丈并乞书此卷引首，时丈已八十余，手持拂尘，谈娓娓不倦。"秦瀛在题跋中提到他将此图命名为"秋寺寻诗图"并为之作题，如今画心仅见方薫落款，表明秦瀛所题当为引首。当画卷流传到刘氏手上时，秦瀛所题引首已失去，所以刘氏才请王氏补题了引首。

第二跋题于乙亥二月，录方薰和诗一首。刘氏称"前岁从秀水王氏借得方兰如山静居遗稿四卷，内有次韵题秋寺寻诗图一律，即次小岘先生韵也。盖非当时所作故，未及装入卷中，录附于此"。刘氏所言不无道理，此诗既已题作《次韵秋寺寻诗图》，当写于秦瀛命名此图之后。秦瀛在收到图后可能附上诗作去信方薰表示感谢，并言及将图命名一事，方薰因此才作了和诗。

1937 年日寇侵占苏州时，刘之泗因不忍丢下累世所藏而不肯逃离，后其家遭劫掠，刘氏亦不幸遇难；其妻杨婉伊在其身后为赡养庞大的家庭，只能靠变卖家中旧藏为生。[29] 入藏博物馆时，此卷配有木盒一个，盒上题签为无锡著名书画家秦古柳所书："方兰士秋寺寻诗图真迹，丁亥谷雨正旧得于贵池刘氏。"由此可知此卷于 1947 年从刘家散出，为"正旧"所得，引首右下角亦钤有其鉴藏印"正旧宝之"朱文印。正旧其人尚待考，然从其请秦古柳题签来看，亦当为无锡人士。因卷上再未发现其他鉴藏印，所以此卷很可能是从正旧家流向的无锡市文物商店，至于具体时间亦尚不能知。1986 年 11 月，无锡市博物馆（今无锡博物院）从市文物商店购买了此卷，将之纳入馆藏。

结　语

《秋寺寻诗图》很好地体现了方薰的艺术风格，即笔墨精湛、设色典雅、构思奇巧，无疑是画家的山水佳作之一。它是秦瀛与鲍廷博交游的直接证据，见证了二人鲜为人知的友谊。它从秦家流出后，曾经贵池刘氏家族刘世珩、刘之泗两代人递藏，又因刘家的悲惨遭遇而流归无锡，因此它的流传经过也在一定程度上反映了那段血和泪的历史。虽然画卷最终楚弓楚得值得庆幸，但中华民族所遭受的不幸和苦难亦需要我们铭记！

注释：

[1] 俞剑华编：《中国美术家人名辞典》，上海人民美术出版社，1996 年版，第 49 页。
[2] 陈希濂在《山静居画论后叙》中云："（嘉庆）丁巳（1797 年）冬月，君来钱塘，寓金氏园……因出所著画论一编授余读之……"陈希濂，字秉衡，又子潄水，浙江钱塘人，生卒年不详，约活动于清乾嘉年间。工汉隶，善花卉，又精鉴赏，喜搜藏名家扇面，积至数百叶。
[3] 余绍宋：《书画书录解题》，西泠印社出版社，2012 年版，第 137 页。
[4]（清）方薰：《山静居画论》，中华书局，1985 年版，第 9 页。画论版本众多，此书据《知不足斋丛书》本排印。
[5] 同 [4]。
[6] 同 [4]，第 7 页。
[7] 同 [4]，第 4 页。
[8]〔法〕柯安娜：《18 世纪杭州地区的画家方薰及其作品——以故宫博物院藏品为中心》，《故宫博物院院刊》，2008 年第 3 期，第 122 页。
[9]（民国）陈法驾等修：《民国华阳县志》（影印本），《中国地方志集成·四川府县志辑》第 3 册，巴蜀书社，1992 年版，第 190-191 页。

[10] 同 [1]，第 748 页。

[11] 潘庭筠，字兰公，号德园，浙江杭州人，生卒年不详，约活动于清乾嘉年间。乾隆戊戌（1778 年）进士，官陕西道御史，后居里养亲。主讲万松书院，长斋学佛，喜从方外游。

[12] 王宫，字妙问，江苏无锡人，生卒年不详，约活动于清乾嘉年间。举人，才高而啬于遇，仅官达州同知。

[13] 陆梦熊，字莹若，号古渔，浙江杭州人，生卒年不详，约活动于清乾嘉年间。乾隆丙子（1756 年）恩贡，官西安训导。

[14] 陈韶，字九仪，号华南，上海青浦人，生卒年不详，约活动于清乾嘉年间。为台州通判。工诗画，游迹遍齐、秦、燕、赵、楚、蔡，后居西湖梅庄，与华瑞潢、鲍廷博诸子结诗会。所写山水，亦有诗人清韵。

[15] 项墉，字金门，号秋子，浙江杭州人，生卒年不详，约活动于清乾嘉年间。贡生，候选同知。少即以词赋擅长，既而老成徂谢，秋子继起其间，主持坛坫，风亭月榭，命酒歌诗，如是者几三十年。为阮元、谢启昆、秦瀛交相引重。

[16] 邵志纯，字怀粹，号右莘，浙江杭州人，生卒年不详，约活动于清乾嘉年间。诸生，嘉庆间举孝廉方正。与秦瀛友善，以文学相切磋。所为诗古文辞欲追蹑古作者，不屑苟囿于世俗。

[17] 戴光曾，字松门，号穀原，浙江嘉兴人，生卒年不详，约活动于清乾嘉年间。工书善画，尤以画松著名。素爱藏书，图书满嘉，颇多珍本。与黄丕烈、鲍廷博相交至深，每获异书，相与传观，订正为乐。

[18] （清）秦兰枝等编纂：《锡山秦氏宗谱》卷之八中，清同治十二年（1873 年）木活字本。

[19] （清）严辰等纂修：《光绪桐乡县志》（影印本），成文出版社，1970 年版，第 596 页。

[20] 周生杰：《鲍廷博迁居桐乡考——兼补正刘尚恒先生"鲍廷博由杭州迁桐乡时间考述"》，《文献研究》，2012 年 4 月，第 76 页。

[21] 即金德舆（1750 年 -1800 年），字鹤年，号云庄，浙江桐乡人。嗜读书，考求金石图史，收藏名人翰墨。与鲍廷博、方薰、吴骞为至交。

[22] （清）吴骞著：《吴兔床日记》，凤凰出版社，2015 年版，第 109 页、第 122 页、第 124 页。吴骞（1733 年 -1813 年），字槎客，号兔床，别号愚谷、海槎等，祖籍安徽休宁，长于浙江海宁小桐溪。青年时即注意搜求善本并手自校勘，至耄耋之年，仍手不离丹铅。其藏书多达五万卷，贮拜经楼以贮藏之。为鲍廷博密友，和秦瀛亦多有交游。

[23] 如《陈华南为余写西湖独泛图因用前韵又得一首》《夏日游灵隐寺同华秋槎、项秋子、邵右莘作》《秋日偕华秋槎、徐惕菴、陈桂堂、邵右莘游韬光寺》《偕华秋槎、项秋子骤过溪亭至龙井》《龙井淮海先生祠落成，二月四日王述菴昶少司寇至自松江，同潘德园庭筠侍御暨陈华南韶、华秋槎瑞潢、袁陶轩钧、汪小海淮、邵右莘志纯、杨书巢秉初、俞云庄宝华、钱梅溪泳、余女婿施曾培诣龙井瞻拜祠下，酌泉煮茗，流连竟日，得诗二章》等。

[24] （清）蒋宝龄：《墨林今话》，上海古籍出版社，2015 年版，第 81 页。

[25] （清）方薰：《山静居遗稿》，《清代诗文集汇编》第 389 册，上海古籍出版社，2010 年版，第 505 页。

[26] 陈希濂为《山静居画论》所作跋语亦表明方薰在 1797 年冬到杭州金德舆处游玩之前亦在桐乡。

[27] 刘世珩（1875 年 -1926 年），字聚卿，号葱石、楚园、灵田耕者、枕雷道士等，安徽贵池人。清末能臣，辛亥革命后避兵走沪，致力于校书、刻书。精鉴赏，收藏古籍、金石书画甚富，所藏尤以宋刊《玉海》及南唐乐器大小两忽雷为著名。

[28] 郑玲：《近代收藏出版家刘世珩》，天一阁博物馆编：《天一阁文丛》第 13 辑，浙江古籍出版社，2015 年版，第 24 页。

[29] 丁蘖编著：《大收藏家刘公鲁之死》，《中国泉币学社往事拾遗·照读楼泉谭》，上海书店出版社，2016 年版，第 212—216 页。其实刘氏因不事生产，生前就已开始变卖父亲刘世珩所藏古籍善本、金石书画等。然其一题再题，足见其对此卷喜爱之深，故此卷当不在售卖典当之列。

无锡地区出土文物的保护与研究

刘宝山

　　有人认为中国古代的"金石学"就是考古学的前身，个人认为有点牵强附会之嫌。考古学，特别是现代考古学主要是以田野考古发掘为特色的一门科学，研究方向是关于人类的起源、国家文明的起源和农业的起源问题。金石学则是以古代青铜器和石刻碑碣为主要研究对象的一门学科，偏重于著录和考证文字资料，以达到证经补史的目的。通常认为金石学形成于北宋时期，欧阳修是金石学的开创者，其学生曾巩的《金石录》最早提出"金石"一词，直到清代王鸣盛等人，才正式提出"金石之学"这一名称。因此，所谓的金石学是以流传到社会上的收藏品为研究基础。流传到社会上的藏品主要是祖传的"老物件"，或者是因年代久远没有明确出土地点并经过他人盘玩的传世文物，收藏界称之为"熟坑"；另外，把有明确出土地点或出土不久的文物称之为"生坑"。这些藏品和现代意义上的考古没有关系。

　　清代以后的金石学进入鼎盛。乾隆年间曾据清宫所藏古物，御纂《西清古鉴》等书，推动了金石研究的复兴，研究范围扩大，对铜镜、兵符、砖瓦、封泥等开始有专门研究，鉴别和考释水平也显著提高。民国初年金石学研究范围又包括新发现的甲骨和简牍，并扩及明器和各种杂器，其中罗振玉和王国维是此时的集大成的学者。虽然朱剑心所著《金石学》、马衡所著《中国金石学概要》等都对金石学作了较全面的总结，但未深入分析古器物的器形和花纹，未进行科学断代的研究，始终没有形成完整的学科体系。所以，个人认为金石学只能够称得上"收藏与研究"的爱好范畴，还称不上是一门学科。

　　至于收藏，特别是改革开放以来，随着人们生活水平的不断提升，文物收藏逐渐成为一种时尚。所谓文物，个人理解应该是"承载有人类过去之文化与文明的物"就是文物，文物又分为多种类别，每一种类别的文物价值大小不同，对文物价值大小的认定取决于人们对文物本身的认知能力，而认知能力取决于人们所具有的的广阔的知识。所以文物的价值不在于文物本身而在于人自身的认知能力。所以我国的文物保护方针是"保护为主，抢救第一，加强管理，合理利用"。文物的来源除了流传于社会上的所谓"传世文物"之外就是"出土文物"，出土文物除了非法盗掘和偶然出土之外就是考古出土文物，所有文物中出土文物价值最高，这就是考古工作的重要性所在，所以考古不是挖宝！

　　我对考古的通俗理解是这样的。如果说女人像一本难以解读的书，那么大地母亲就更是一本囊括了滔滔江海和时光隧道的、内涵丰厚的擎天巨著，大地母亲养育了我们而我们当子孙的却一生难以完全读懂母亲，考古学科就是为理解母亲而诞生的科学！考古学研究努力的方向就是探讨我们从哪里来，也就是人类文明的起源问题；考古学还要解读养活我们的食物是从什么时候拥有的，也就是农业的起源问题；考古学还想知道为何现在所有的人都有了自己的所谓"祖国"，那就是国家的起源问题。这三个"子孙之问"就是一代代考古人不畏严寒酷暑叩问大地母亲、天南地北孜孜以求的源动力。为了满足子孙们的好奇，大地母亲这本书忠实地记录了人类的发展历程，从下到上从早到晚每一层就是一篇内容丰富的精彩华章，这就是考古地层学，时间越早埋藏得越深。考古人需要耐心地用考古手铲和竹签小心地在泥土中一层层剥离，利用各种科技手段破解泥土中点点滴滴的信息，然后用当代的文字把它们翻译出来，这就是考古学研究，所以考古人也是和大地母亲对话的人。

我们把考古地层称之为"文化层"，文化层的叠压关系就是时代上的早晚关系，下层早于上层，一个遗址的文化层越多历经的时代就越多，内涵就越丰富，研究价值就越高，所以考古不是"挖宝"，在考古人眼里各种颜色的地层和出土文物一样是不可多得的"宝贝"，甚至往往由泥土组成的"遗迹"历史价值更高，这就是国家花大力气保护遗址的根本原因。大遗址就是最大的"文物"，文物的珍贵之处就是"不可再生"，遭到破坏就永远消失了，所以破坏文物的人某种意义上可以称之为"不肖子孙"。世界上没有完全相同的两处遗址，每一处遗址都有自己独特的内涵和特色等待我们去解读。

"十一五"时期，在党中央、国务院的高度重视和国家有关部门的大力支持下，启动全国范围内 100 处重点大遗址保护工程，以春秋晚期和战国时期为主要文化内涵的无锡鸿山遗址被列入其中，此外，春秋时期的大遗址还有山西省侯马晋国遗址和晋阳古城遗址、山东省临淄齐国故城和曲阜鲁国古城遗址、河南省新郑的郑韩故城共五处；"十二五"期间全国重点大遗址保护项目库增加到 150 处，无锡阖闾城遗址作为唯一一处春秋时期大遗址被增列其中，"十三五"时期至今再没有新的大遗址名单增补，仍然是 150 处。阖闾城遗址和鸿山遗址是以吴越文化为特色的大遗址，占全国春秋时期重点保护大遗址的 2/7！实际上前 150 处重点保护的战国时期大遗址也仅有五处（河北省的赵国邯郸古城遗址、燕国燕下都遗址和中山古城遗址、湖北省荆州楚郢都纪南故城、安徽省寿县楚国寿春城遗址）。如果进一步细化把阖闾城遗址和鸿山遗址分别作为春秋和战国时期典型大遗址去比较，则无锡各占全国同时代大遗址的 1/6！

上个世纪之末，本世纪之初，无锡地区的文物工作与时俱进，迈开了新的步伐。处于文物工作龙头地位的田野考古，更是迎来了久违的春天，作出了历史性的跨越，2005 年无锡市编办批准成立"无锡市考古研究所"，虽然编制只有四人但却是江苏省最早具有独立法人资格的专业考古机构，2009 年编制扩大到九人并更名为"无锡市文化遗产保护和考古研究所"，并成为 2011 年度获批的唯一一家"国家考古发掘资质单位"，当时是江苏省除高校之外继南京博物院、南京市博物馆和苏州博物馆之后第四家具有独立开展考古发掘资格的单位！ 2010 年鸿山遗址成为全国首批 12 家国家级考古遗址公园之一（至今仍是江苏省唯一正式挂牌的国家级考古遗址公园），2013 年阖闾城遗址被列入全国第二批国家考古遗址公园立项名单。

实际上新中国成立之后的无锡考古工作起步并不晚。例如在 20 世纪 50 年代，江苏省文物管理委员会在无锡配合城乡基本建设，连续发掘、清理了锡山南麓的施墩遗址、梁溪河岸边的仙蠡墩遗址，出土了自新石器时代中期至汉代的大量文物。其中尤其值得骄傲的是，20世纪50年代对滨湖区仙蠡墩大型遗址的两次发掘，出土了崧泽文化至良渚文化早期的许多石器、陶器，还发现了原始住宅基址以及稻壳堆，最早确认了五千多年前无锡先民的原始聚落，并最早揭开了环太湖地区稻作农业文明的序幕，为全国的农业考古事业发展作出了一定的贡献。随后证明无锡地区从史前期的马家浜文化（距今约6000年–7000年）、崧泽文化（距今约5000年–6000年）、良渚文化（距今约4000年–5000年）和马桥文化（距今约3000年–4000年），到先秦时期的吴越文化、吴楚文化（距今约2200年–3000年），从未间断。

当然，在早于马家浜文化之前，无锡的自然环境也是适合大型动物活动的地区，如1973年在梁溪桥（今健康桥）东埭深达22米–25米处地层中发现了纳玛象化石、麋鹿角残段，经测定距今约一万五千万余年。在锡山北麓、太湖北岸也都发现了纳玛象化石，在锡山南麓、雪浪山麓，出土了斑鹿和牛的化石。1981年，在宜兴灵谷洞发现了人类一块下颌骨、一块眉骨、一块颞骨与两段股骨，经测定距今约一万多年。1988年在北郊黄巷南街村后巷，曾出土一件经人工打制的凹刃刮削器，有使用痕迹，器形与距今17000年–23000年前的苏州三山岛遗址出土的凹刃刮削器相似，很有可能与三山岛文化同时期无锡先民最早的遗物，是无锡历史文化的源头。

马家浜文化时期的重要遗址如新吴区彭祖墩遗址、滨湖区的洪口墩遗址、惠山区的庙墩遗址、江阴祁头山遗址、宜兴骆驼墩遗址、西溪遗址等出土最具特色的文物就是各种"腰沿釜"陶器。崧泽文化时期重要的遗址包括惠山区钱桥街道赤墩遗址、锡惠公园内施墩遗址、宜兴下湾遗址等，出土了代表人类意识形态和社会等级分化的双祭台和大型祭祀陶鼎、玉器、大型釜鈇等。良渚文化时代，太湖流域率先迈入国家文明状态，无锡新吴区的邱承墩遗址、江阴高城墩遗址等都出土了高等级的玉璧和玉琮。高城墩遗址是良渚时期一处规模大、有严谨的布局规划和严格建筑方法的高台墓地，出土琮、璧、鈇、锥形器、珠、管等玉器155件（组）以及大量石器、陶器等。

无锡地区属马桥文化类型的有：锡山南麓、仙蠡墩、许巷村、安镇上山村、东亭北街巷和江阴云亭的佘城、花山遗址等。此时进入石器与青铜器并用时代，主要出土几何印纹陶和原始青瓷。2019年在新吴区梅里古镇泰伯庙前的伯渎河两岸发现了商末周初时期的遗址，发现了商代晚期鸭形壶和西周时期的鬲足，对探讨泰伯奔吴和大运河开凿的历史具有十分重要的意义。

进入两周时期的吴越文化阶段无锡地区出土文物最多的就是土墩墓和石室土墩墓（石冢）。除了少量吴越青铜器之外，数量最大的就是几何印纹硬陶和原始青瓷器，出土规模最大最具特色的就是无锡鸿山遗址出土的成套的完整的原始青瓷乐器，属于我国一次出土数量最多、规格最高的青瓷乐器，更有微雕玉飞凤和独有的盘蛇玲珑球享誉中外。

自汉至清无锡最具特色的文物就是陶瓷手工业制品，例如宜兴发现各时期古窑址近一百座，也是我国南方青瓷的主要产地之一。实际上宜兴地区在商周时期已经生产原始青瓷了，汉代已大量烧造青釉陶罐，两晋至唐代，宜兴青瓷作为"越窑系"中重要一员，达到它历史上的高峰。宋晚期，宜兴青瓷淡出。此后，宜兴陶器多施以当地土釉——老红釉或酱黑釉。到明代中晚期，由于"宜均"的兴起，宜兴色釉得以长足发展，在宜兴羊角山还发现了早期紫砂器的烧造窑址。

无锡地区进入晚唐五代吴越国钱镠统治之后经济社会发展进入快车道，例如 20 世纪 80 年代出土了一批反映北宋社会生活和工艺水平的秘色瓷八棱注壶、"都省铜坊"镜、石佛像和从明代甘露萧塘坟华师伊墓出土了一批万历年间青花八骏纹碗、青花"喜"字"卍"字碗、"大彬"款紫砂壶、银质餐具等 12 件珍贵遗物。其他如无锡新安前进村出土的葵瓣口青瓷盘、李家庄顾巷出土的秘色瓷八棱注壶和秘色瓷带盖小壶，反映了唐宋越窑青瓷胎质细腻致密、细密匀净，有"如冰似玉"之誉。1960 年雪浪尧歌里发现的元代钱裕夫妇墓，随葬金银、玉器、漆木、服饰、纸币等 150 件，艺术之精，器形之美，反映出了 13 世纪后半叶至 14 世纪前期江南地区在金银细工、玉雕、髹漆、织绣等手工艺方面的高水平发展。明代中叶，甘露萧塘坟明南京翰林学士华察墓出土的金钿装饰华美，鸿声七房桥钱氏家族墓地先后出土的丝绸和一批金银器和玉器。2018 年在无锡市新吴区明晚期墓葬中，发现一件"时大彬于晌柯阁制"底款的紫砂壶，是无锡自 20 世纪 90 年代在荡口镇出土时大彬款"三足如意盖"紫砂壶之后，再次从古墓随葬品中发现时大彬壶。另外这批墓葬中还出土一件明代嘉靖年间圆台形的玉器，钻有"五星聚会"图案，应该是全国唯一一件此类玉器。

无锡的考古工作既有成绩也有遗憾。早期受限于当时的条件，锡山区的北周巷象塔头墩遗址、无锡滨湖区雪浪庵基墩、赤马渎遗址、洪口墩遗址、东金城湾等没有得到应有的保护，仙蠡墩考古遗址公园建设并不理想，仙蠡墩遗址的发掘许多重要遗迹没有得到足够的重视，更没有保留下来，成为永久的遗憾，这就是不可再生资源的特点和珍贵之处。另外，由于认识的不到位和经费的无着落等种种原因，包括滨湖区在内的绝大多数遗址都未能进行科学的考古发掘，有的甚至遭到人为的破坏，大批文物被毁坏和流失，致使无锡地区的史前考古和先秦考古远远落后于江浙沪地区的其他城市。到了 20 世纪八九十年代，周边城市的田野考古有声有色，屡有重大发现，例如浙江良渚遗址高等级墓葬和大型宫殿基址的发现，上海马桥文化命名的正式提出，常州寺墩遗址崧泽文化和良渚文化高等级墓葬的发现，镇江丹徒沿江山脉号称吴国早期贵族墓群的连续发现，苏州真山春秋吴王陵大墓及战国中期楚国贵族墓群的惊人发现和大规模发掘，对一向以文献资料作依据而称为"句吴古都""吴文化发源地"的无锡地区发出了严峻的挑战，形成了巨大的压力。

近年来无锡市文化遗产保护和考古研究所通过对鸿山遗址的考古勘探工作的开展，又新发现了一批土墩遗存和几段疑似城墙遗迹，随着鸿山遗址本体保护展示二期的逐渐完工，鸿山遗址考古工作将会有新的成果展现给公众。通过对阖闾城遗址龙山石墙和石室土墩墓（石冢）的关系解剖发掘，发现了修建石墙的采石场和春秋时期几何印纹陶片，初步判断石墙遗迹的年代晚于石室土墩墓但不排除是春秋晚期的遗存。阖闾城遗址博物馆、阖闾城遗址东小城本体保护展示、阖闾城遗址龙山石冢和石墙遗迹的保护展示陆续完成开放。我们相信无锡的考古和文物保护工作在"十四五"期间会迈上新台阶。

2020 年 9 月"中央政治局第二十三次集体学习"以"我国考古最新发现及其意义"为题举行了专门的学习；2020 年 12 月 1 日出版的《求是》杂志发表了习近平总书记的重要文章《建设中国特色中国风格中国气派的考古学，更好认识源远流长博大精深的中华文明》，为无锡的文物和考古工作指明了方向。

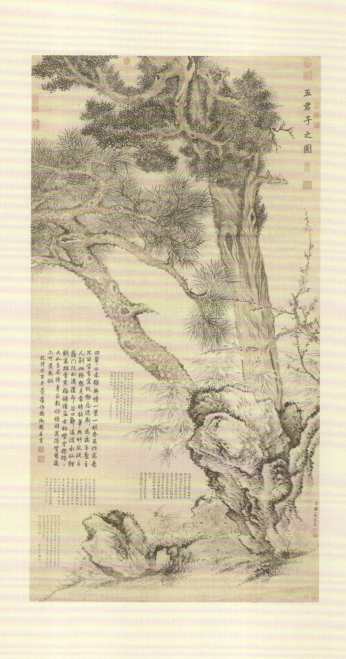

01

书画

丹青片羽

1　徐悲鸿　柳阴三骏图轴

1944年
纵100厘米　横62厘米

徐悲鸿（1895年–1953年）原名寿康，江苏宜兴县屺亭桥镇人。自幼随父读书习画，1915赴上海后考入震旦大学，1917年东渡日本研习美术。半年回北京，被蔡元培聘为北京大学画法研究会导师。1919年留学巴黎，期间问学柏林，先后游历意大利、比利时、瑞士。1927年回国，任中央大学艺术系教授。1933年应邀赴法国、比利时、意大利、德国和苏联举办画展。1937年在香港、广州、长沙等地举办画展。在香港购得吴道子画《八十七神仙图》卷。抗战时期，徐悲鸿多次在新加坡、马来西亚等地举办救灾画展和义卖为抗战筹款，将卖画所得款项全部捐献给国家。1939年在印度国际大学举办中国近代画展，与泰戈尔结下深厚的友谊。在加尔各答举行作品展，完成中国画《愚公移山》。1942年返重庆中央大学艺术系任教，并开始筹备中国美术学院。抗战胜利后任北平艺术专科学校校长。1949年后任中央美术学院院长、中华全国美术工作者协会主席。为我国近代著名绘画大师。

徐悲鸿，学贯中西，取法西方古典写实绘画，力倡用写实主义改造中国画，创作上提倡"尽精微，致广大""惟妙惟肖""直接师法造化"对中国画主张继承传统，吸收西方绘画长处，中西合璧，融会贯通。特别是他的"素描是一切造型艺术的基础"论，在画史上产生了划时代的效果，基本结束了从顾恺之到任伯年一千多年来勾线填色形式和国画新形式的诞生。为中国传统绘画的革新和发展开辟了广阔天地。他是中国现代美术教育的奠基者，杰出的画家和美术教育家。由于他在绘画理论和实践上的卓越成就以及他在美术教育方面所做的巨大贡献，他被国际评论誉为"中国近代绘画之父"。徐悲鸿托物咏志，喜画马抒怀，以此来表达赤子之心，爱国之情。

无锡市文物交流中心珍藏的徐悲鸿《柳阴三骏图》，作于1944年。与传统勾勒细描的画法不同，以写意为主，洒脱自然，结构严谨，神形兼备，富有浪漫主义精神。春风拂柳，绿草茵茵，旷野柳下，三匹骏马神态各异，或正面，或背向；有昂首嘶鸣，有低首觅食，亦有提足欲行，各展其形态，在相对呈静态的画面亦生微妙变化，这种细微的刻画描写，足见大师观察捕捉马匹动态的细致。让人感受到觅食的悠闲，嘶鸣的诉说，提足的倾听。三骏结构精准，层次分明，信笔勾画马身和四肢，浓墨渲染鬃毛和马尾，笔墨精湛，形神兼备。采用西方绘画中体与面、明与暗分块造型的方法，使马的头顶、胸部、背部、臀部、马蹄留白后产生强烈的光影效果。图中的三骏，肌肉健硕，腹部圆实，颈部一笔勾画，弧线粗壮，表现出肌肉的力度。腹部勾勒渲染，显示出柔软而富有弹性的质感。鬃毛和马尾随风飘摆，运笔酣畅洒脱，其虚实相间的笔触，浓淡、干湿互衬更显灵动飘逸。

徐悲鸿把素描作为"造型艺术的基本"，此画正体现了他的艺术观。背景上柳树作春风飞舞之态，柳枝线条飘逸流畅，背景渲染阴暗分明，层次感强，织织细柳与满地绿野采用素描技法，透视自然真实，又能与传统水墨渲染相结合，笔墨融会中西，取得相得益彰的艺术效果，烘托出广阔自然的春意盎然，使整个画面生机勃勃。

从徐悲鸿马画中的寓意看，所画之马，是有所寄托的，画题"甦人先生惠教，悲鸿甲申"。甦人先生为顾甦人，四川人，后定居无锡，中医。甲申（1944年）时抗战胜利前夕，悲鸿患病，甦人悉心护理医治，渐愈，悲鸿绘《柳阴三骏图》表达心志。身事、国事交汇此时。希望在即，曙光在前，生活有了新的希望和寄托。此画不仅有丰富的思想内容，更有高深的艺术造诣。用素描融合中国画传统笔墨技巧，将西方绘画造型的严谨与中国传统笔墨的写意合二为一，开创了一代新风，代表了中华民族昂扬向上、不屈不挠的精神。在中国近现代美术史上，有着举足轻重的地位。

（陶　冶）

2 徐悲鸿 柳马图轴

近现代

纵108厘米　横38.2厘米

1962年于无锡市文物商店征集。画中细密的柳条随风摆动，一匹瘦马立于柳树之下，鬃毛在风中飞扬，构图简洁，重心突出，墨色浓淡相宜。画面用劲健之笔突出了马的颈部、臀部和腿部，与作者所绘奔马的舒展飞扬不同，这匹马消瘦而思虑重重。虽是春日之景，但细如离愁的柳条和回收低望的瘦马，透出作者的忧思与哀愁。

（杨启明）

3 邹迪光 泥金玉女潭图扇页

1617年作
纵18.5厘米 横54厘米

款识：玉女潭图。丁巳秋日写于荆溪舟中，迪光。
钤印："迪·光"朱文联珠印

邹迪光（1550年–1626年），字彦吉，号愚谷，江苏无锡人。万历二年进士。授工部主事，官湖广提学副使。万历十七年罢归，在惠山下筑愚公谷，多与文士觞咏其间，极园亭歌舞之胜。工诗文，善画山水，力追宋元，在大小米及黄公望、倪云林之间。一树一石，必求精妙。正如董其昌评说："梁溪邹彦吉……崇尚清远，登高能赋，不落画工蹊径。"兼善音乐，邹式金尝从其研习音律。晚年信奉佛教，名斋"调象庵"。著《劝戒图说》不分卷、《太上诸仙法语补集》二卷。

玉女潭：坐落在宜兴市西南23公里湖㳇镇，建园于唐，盛于明，有江南园林源头之说。

（邵　燕）

4 文德翼 泥金书法扇页

明（1368年-1644年）

纵16厘米 横51厘米

款识：阆翁老先生兼求教正。弟文德翼。

钤印："文德翼印"朱白文方印

文德翼，字用昭，德化（即今江西九江）人，生卒年不详。崇祯七年（1634年）进士，授嘉兴推官，明亡后隐居山中。正直明允，不为权贵所挠。以父忧归。德翼人品清逸，学问渊博，著有《雅似堂文集》十卷，诗集三卷，及《宋史存》《佣吹录》《读庄小言》等，均入《四库总目》并行于世。

（邵 燕）

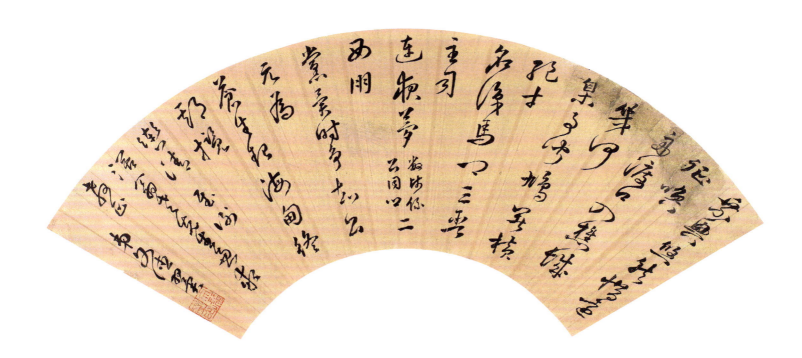

5 邵宝 行书自书诗卷

明（1368年-1644年）

纵30厘米 横421厘米

明邵宝行书自书诗卷，洒金笺，国家一级文物，自无锡市文物商店征集。全卷以行书书写自作的诗句，其中包括五言一首，七律七首，绝句八首，诗文直书性灵，自然质朴。此卷是作者病后所书，据其生平推断，当为明正德中后期。全卷虽作者自谦"病余笔弱，丑拙可愧"，但笔力厚重，沉稳端庄，全无弱态。本卷被《中国古代书画目录》《中国古代书画图目》《书法丛刊》等收录。

邵宝（1460年-1527年），字国贤，号泉斋，别号二泉，江苏无锡人。明成化二十年（1484年）进士，后历任户部郎中、江西提学副使、浙江按察使、都察院右副使都御史、贵州巡抚、户部侍郎、礼部尚书等职。他一生好学且重视文教，在江西九江修缮白鹿洞书院，在无锡惠山创建尚德书院，以处贤才学子。他博览群书，藏书丰富，著述丰富，有《容春堂集》《简端录》《大儒奏议》《慧山记》《漕政举要录》等。他是李东阳的门生，茶陵派诗人之一，是明代著名的藏书家和学者。

（杨启明）

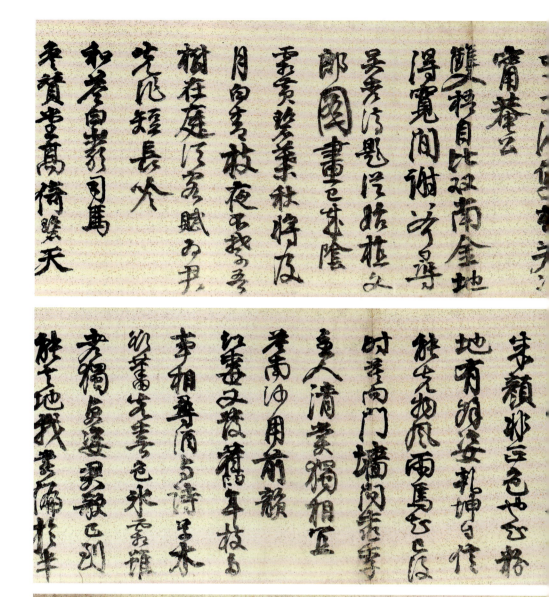

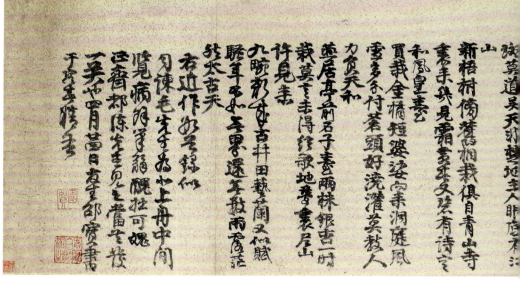

48

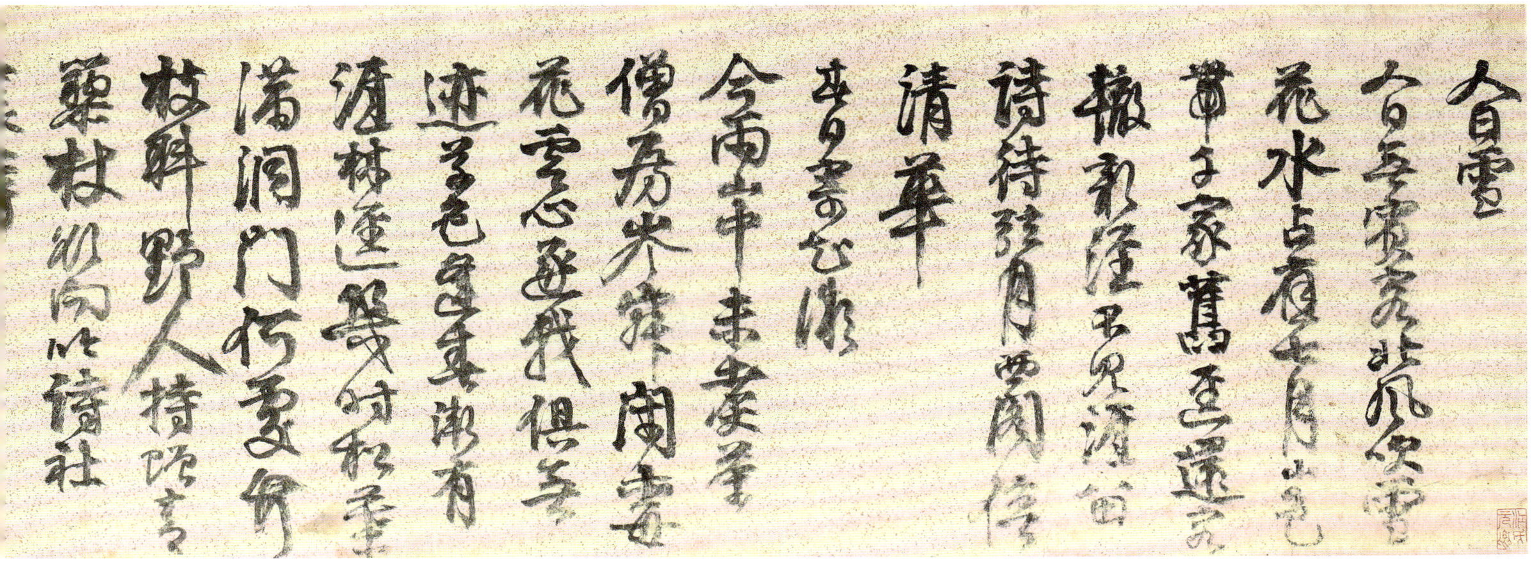

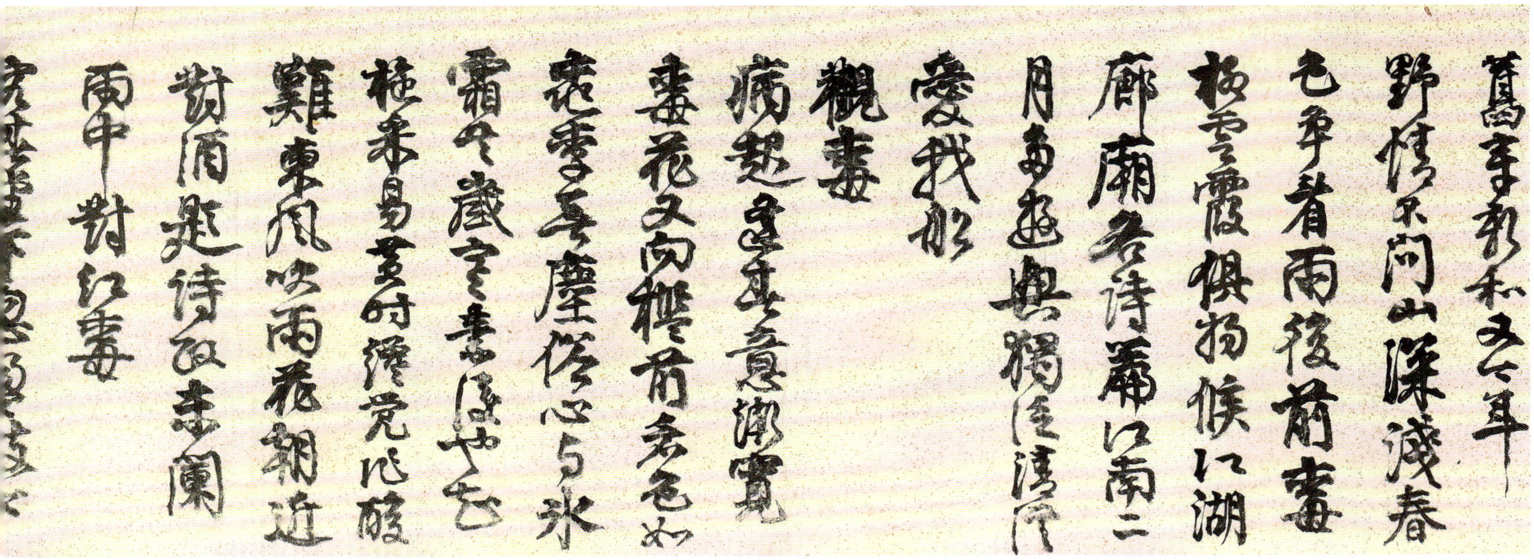

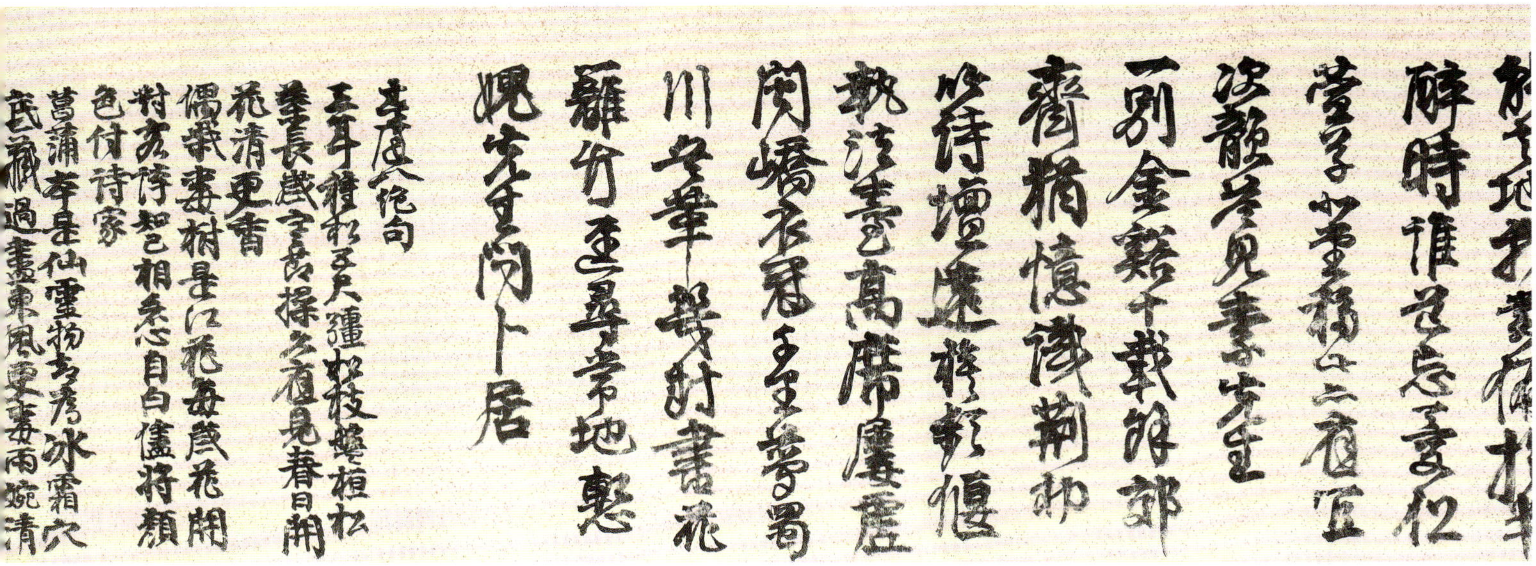

6 曹蕴清 泥金行书扇页

明（1368年–1644年）

纵16厘米　横52.5厘米

款识：小诗奉赠今礎老先生册封 荆藩并正，弟曹蕴清。

钤印："蕴·清"朱文联珠印

曹蕴清为崇祯四年辛未科进士。此册上款今礎先生为宋之普（1601年–1669年），字则甫，号今礎，沂州珩头人。崇祯丁卯（1627年）中举，戊辰（1628年）进士，选翰林院士，授户部左侍郎。与父亲宋鸣梧（官都御史，与六部尚书同行，合称七卿）同殿称臣，故名重一时。因此崇祯帝说他"品能铸古，才用衮今……洵将任重乎，天下宁唯信谏于一人"，以见朝廷器重之一斑。

（邵　燕）

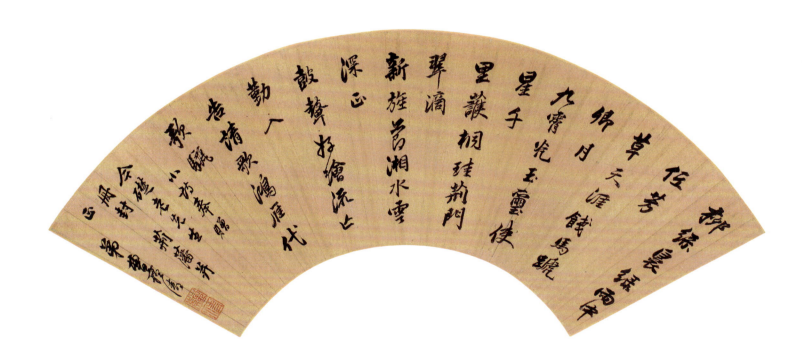

7   吴国杰   山水扇页

1650年

纵16厘米   横49厘米

款识：庚寅初冬仿子久笔，似嘉老年词兄正吴国杰。

钤印："吴国杰印"朱文方印

吴国杰，字纯佑，江苏太仓县人。明崇祯十六年（1643年）进士，官河南知县，工书法，擅山水。所画的山水运笔犀利遒劲，墨色清淡，敷彩雅逸。

著录：文物出版社《中国古代书画图目》第六卷苏7-09。

（邵　燕）

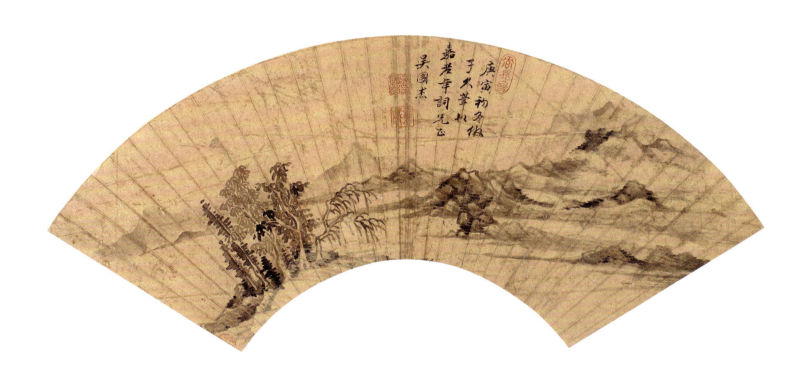

8 尤侗等 字画册（八开）

1699年

各纵32厘米 横20厘米

款识：陈一得篆。

钤印："陈一得印"白文方印、"字曰于定"朱文方印

款识：右题十八学士登瀛图古风一章录似麓翁胥年长兄正字，弟田雯。

钤印："田之雯印"白文方印、"花月知己"白文方印、"墨戏轩"朱文方印

田雯（1635年–1704年），字紫纶，一字子纶，亦字纶霞，号漪亭，自号山姜子，晚号蒙斋。山东德州人，田绪宗之子。康熙三年（1664年）殿试二甲第四名进士。授中书舍人。诗与王士禛、施闰章同具盛名。著有《山姜诗选》《古欢堂集》《黔书》《长河志籍考》等。

款识：亿翁老年台先生 晋陵庄朝生。

钤印："静菴"白文方印、"墨戏轩"朱文方印

庄朝生（生卒年不详），一作仪生，字玉笥、玉墀、玉笋，号静庵，庄同生弟，江苏武进人。顺治六年（1649年）进士，授检讨，河南提学道。

款识：旧作录似亿翁老年台正，八十二翁尤侗。

钤印："尤侗印"朱白文方印、"西堂老人"朱文方印、"落花水面皆文章"朱文方印

尤侗（1618年–1704年），字展成，一字同人，早年自号三中子，又号悔庵，晚号良斋、西堂老人、鹤栖老人、梅花道人等，长洲（今江苏苏州）人。授翰林院检讨，参与修《明史》，分撰列传三百余篇、《艺文志》五卷。尤侗才情敏捷，文名早著。他先后为顺治帝、康熙帝赏识，颇受恩礼。诗文多新警之思，杂小谐谑，每一篇出，人所传诵。所撰《西堂杂俎》盛行于世。其诗笔调酣畅，格调多样。

款识：书似亿翁胥年兄，弟徐嘉炎。

徐嘉炎（1631年–1703年），字胜力，号华隐，秀水（今浙江嘉兴）人。记忆绝人，读书过目不忘。清康熙十八年（1679年）召试博学鸿词科，列一等，授翰林院检讨，撰写《明史·恭闵帝本纪》，官至内阁学士。兼礼部侍郎。著有抱经斋集二十卷，《清史列传》行于世。

款识：己卯清和月仿管夫人笔法似亿翁老先生，李岩写。

钤印："李岩之印"白文方印、"一字云□"朱白文方印

钤印：□亭

款识：己卯夏日写，谭岵。

钤印："谭岵之印"白文印

（邵 燕）

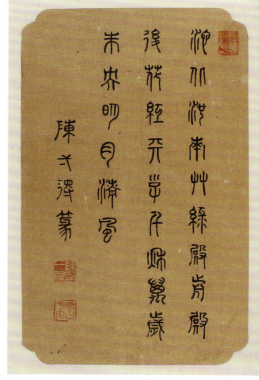

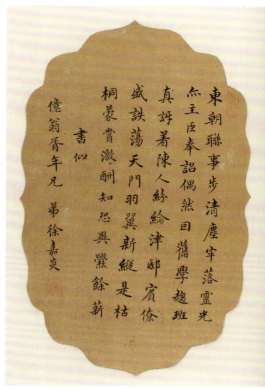

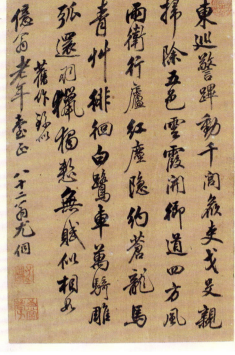

東延警蹕勤千乘　夷戈夾觀
掃除五邑雲霞涌　御道四方風
兩衛行廬紅塵隱約蒼龍馬
青州排徊白鷺車萬騎雕
弧還　獵福慈無賦似相如
舊作　　老年壺正
八十二翁无個

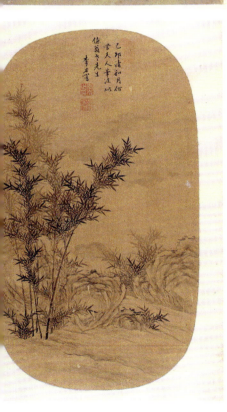

9 名人词翰册（十四开）

清（1644年–1911年）

尺寸不一

水墨笺本、纸本册页

题签：名人词翰。甲子九月芸庐藏，叔孺书。

款识：

1. 二非和尚招赏牡丹，即步榕皋同年大兄原韵，录请敲政。十二琼楼簇绛葩，紫云留护玉宸家。仙情共泛玻璃酿，佛土长开富贵花。座有参寥禅易悟，诗成邬老句争夸。寻芳未遂幽栖愿，漫向东风祝霁华。杜芗姜晟，时年八十有一。

钤印："姜晟私印"白文方印、"渡香"朱文方印

姜晟（1730年–1810年），字光宇，号杜芗、渡香，江苏元和人。乾隆三十一年（1766年）丙戌科二甲第十七名进士，历官刑部主事、湖南巡抚、直隶总督、刑部尚书、工部尚书等职。为官以治狱明慎著称，工诗词，著有《姜杜芗先生自订年谱》等。

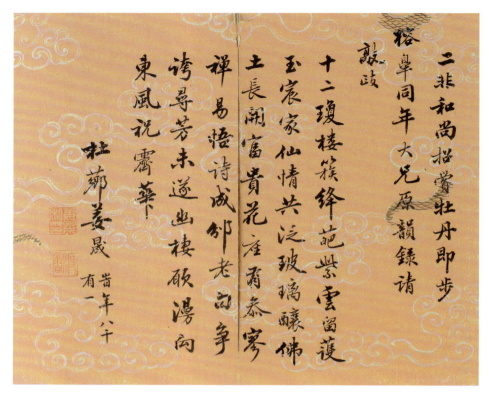

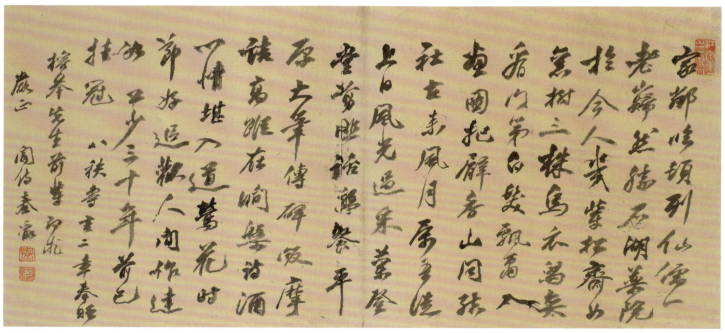

2. 家邻临顿列仙儒，一老岿然胜石湖。院于今人几辈，松斋如意树三株。乌衣留矣看门第，白发飘萧入画图。把臂香山同结社，古来风月属圣徒。上日风光过采兰，登堂剪照话盘餐。平原大笔传碑版，摩诘高踪在涧槃。诗酒心情堪入道，莺花时节好追欢。人间作达如公少，三十年前已挂冠。八秩寿书二章，奉晤榕皋先生前辈。即求严正，阁侍秦瀛。

钤印："秦·瀛"朱文联珠印、"江南第一山二泉人"白文长方印

3. 桥边衰影老人过（李文肃惠山寺），三经奇老竹杖拖。故友入林谁把臂，佳人补屋尚牵萝。欲看一道通桑苎，种树千年记橐驼。招得听松松顶鹤，朝朝伴我碧云阿。百年方世通桑榆，梦里生涯号壑瘿（梦一道人贻余印章录壑瘿二字）。自得渊明玄外意，天成摩诘句中图。栏围碧浪翻鱼婢，锄指名山种木奴。酒约买田阳羡客，好从邻老访西湖（仁和邵染香约余明春为苏祠云舍撰诗）。榕皋先生时游山国禅兴。录寄榕皋前辈，并希赐和，瀛藁。前首社人，二首句老人，已拥白发婆娑，老眼昏聩，录毕亦不知何以书也。

钤印："秦·瀛"朱白文联珠印、"江南第一山二泉人"白文长方印

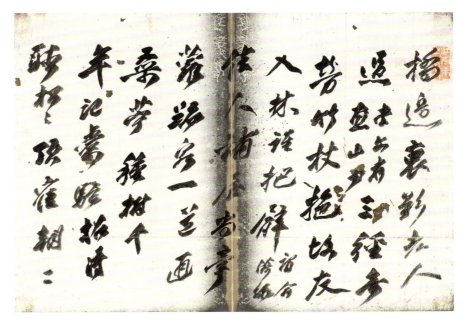

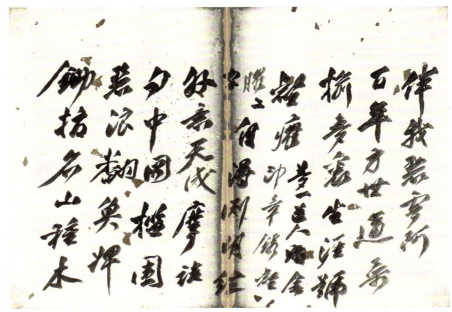

4. 焦公洞口万松残,极目沧州满色寒。亭子遥临翠屏里,诗人还住大江干(阮芸台为诗人王柳村巢,曲江亭于翠屏洲)。潮鸣夜叱乖龙酣,藓馆朝寻瘗鹤看。头白巨超却健在(泊焦山诗僧巨超),法云堂上一蒲团。和梅麓约榕皋前辈游焦山之作即正,瀛未定草。

钤印:"秦瀛之印"白文方印、"江南第一山二泉人"白文长方印

秦瀛(1743年－1821年),字凌沧,一字小岘,号遂庵,江苏无锡人。出身于锡山秦氏望族,家学渊源。幼承庭训,随其父心陶公(秦鸿钧)攻读诗文、经术,绩学弥成。乾隆三十九年(1774年)甲午科中举人,以举人召试山东行在,授内阁中书,充军机章京,升侍读。乾嘉年间历官户部江西司郎中、浙江温处道、广东按察使、浙江布政使、刑部侍郎、兵部侍郎等职。嘉庆十五年(1810年)以目疾解任归籍,总纂《无锡金匮县志》四十卷。道光元年(1821年)年病逝,卒年七十九岁。工诗文,擅书法,精行楷,有董其昌笔意,兼善隶书。著有《小岘山人诗文集》《遂庵日知录》等。

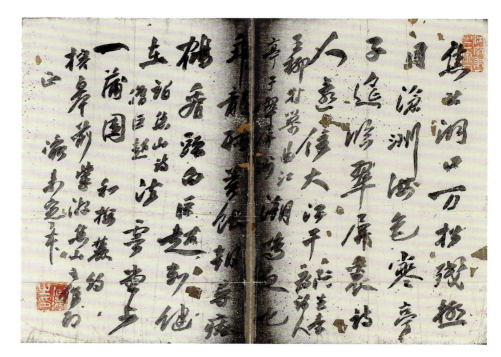

5. 元日试笔,次榕皋老前辈韵即请正。一樽送腊隔宵驰,献岁新传纪岁辞。谷击东华趋陛日,吟联北郭访梅时。风光乍拂花旛动,雪意凝含冻雀窥。莫羡暖庐身似蛰(来诗有闲身蛰宝浑如寄之语),半巢客鹤也栖枝。侍冯培呈稿。

钤印:"冯培之印"白文方印、"实菴"朱文方印、"晚悔轩"朱文方印

冯培(1737年－1808年),字仁寓、玉圃,号实菴,晚号读易翁。江苏元和人。乾隆四十三年(1778年)戊戌科二甲第二名进士,授翰林院庶吉士,散馆后改吏部主事,升御史,官至户科给事中、会试同考官等职。辞官后掌教苏州紫阳书院。工诗、古文辞,晚年研究易经。著有《鹤半巢诗存》。

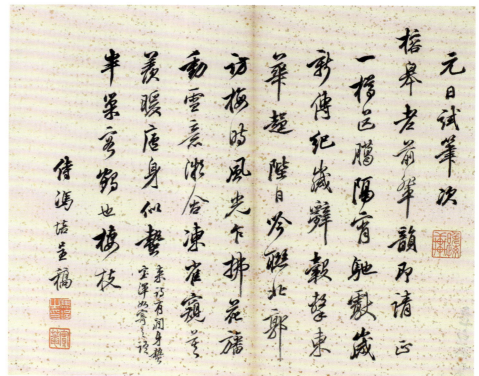

56

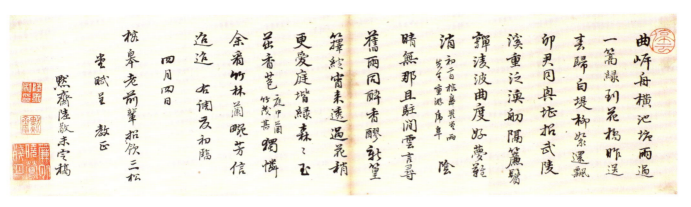

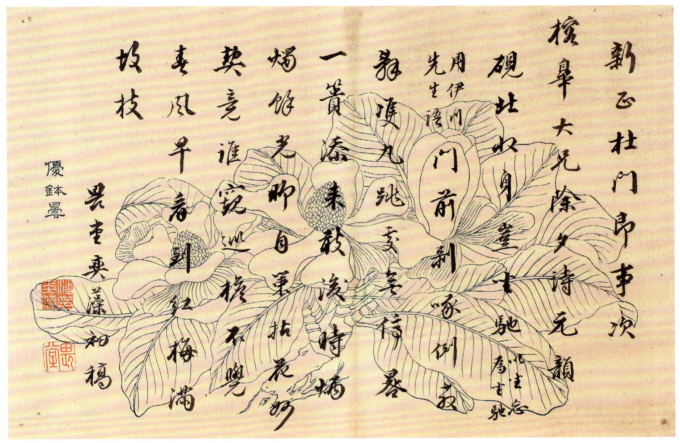

6. 曲岸舟横，池塘雨过，一篙绿到花桥。昨送春归，白堤柳絮还飘。卯君同兴地堪招，武陵溪，重泛渔舠。隔帘鬓鲜，凌波曲度，好梦难消（初二日榕皋、畏堂两先生重游虎阜）。阴晴无那，且驻闲云，言寻旧雨，同醉香醪。新簟筜绽，宵未透过花稍。更爱庭堦，绿森森，玉茁香苞（庭中兰竹茂盛）。独怜余，看竹林兰畹，芳信迢迢。右调夏初临。四月四日，榕皋老前辈招饮三松堂，赋呈教正，默斋陆敬未定稿。

钤印："陆敬私印"白文方印、"默斋"朱文方印、"帘外晓莺残月"白文方印、"停云"朱文圆印

陆敬（生卒年不详），字停云，号默斋，江苏吴门人。工诗词，经常与潘奕隽（榕皋）、秦瀛（凌沧）、钱大昕（竹汀）诸公文酒留连，诗词唱和。著有《默斋诗抄》。

7. 新正杜门，即事次榕皋大兄，除夕诗元韵。砚北收身岂坐驰（以坐忘为坐驰，用伊川先生语），门前剥啄例教舞。雙丸跳处无停晷，一簧添来敢浚时。炳烛余光聊自策，拈花妙契竟谁窥。巡檐不觉春风早，看到红梅满故枝。畏堂奕藻初稿。

钤印："潘奕藻印"白文方印、"畏堂"朱文方印

潘奕藻（1744年-1815年），字思质，号畏堂，江苏吴县人，祖籍安徽歙州。其父潘冕（宗冕）工诗文，擅书画，曾为候选布政司理问；兄潘奕隽（榕皋）为乾隆己丑科进士，官户部主事；弟潘奕基（汝勤）杭州府庠生，为乾隆癸丑科状元潘世恩父亲；家学渊源，被誉为苏州贵潘。乾隆甲辰科三甲第十七名进士，散馆后改刑部主事，升至郎中。四年后辞官归里，与兄奕隽、弟奕基寄情山水、诗文倡和。嘉庆二十年（1815年）病逝，卒年七十二岁，著有《听雨楼诗稿》等。

采松學使自山左有詩見寄次韻酬之

百年逼八知俟武漫廎天公賜者甭捨石偶

同陶諸節

山飩根未詩荃三　睞凡骨何由鍊九　書自香

勞肉訊訟不教猶鵒宇棠間

新詩珠拍翰林肩古燭宵難八五天雄職彥

名印孝峯宗盟交契托忘年沖公啟曾同山

賊閻嵌船屑暑水仙贏日宮花誇野服盡

圖圖扇滿城傳

巨輕鷲才嗟綃憐節族翠世

湖水与仙槎橋泰岱雲畫使節嶽族遲明

推名父子斗魁堂戴大宗師儻教鴻滿皎

龍藏一級古階一集詩

鈞月推風自一家門前空守少侯芭松暗佩

地宮鏺甲蔔氣含春为卷茅謂禪林貪貿園

書終近瘦慣祝蘭竹武頻奢吞哀甚矣今金

夢凳元老亳瑞每免花

錄李

榕公学丈是正

吳雲呈本

丙子三月廿九日遊采甑何亭滿

華潴菴看牡丹晚憩雲泉精

舍是日　三松居士不在山中路

歧未浮相見翼日以詩見貼次

韻奉和

偏闊招提膝紅雲到靈嶼鞋期

棠敷伴同結香花緣

芳思縈三月春光又一年咋朝

新雨過夾道有鳴泉

晶金莊山腹藤花荽晚妍

雲山新杖優鐘磬舊園緣慕

下嘗三宿樓頭已卅年

蘊山閣上迄今三十餘

平一公床北玄久矣

白雲當小住雅興

瀹清泉

聖鳳呈稿

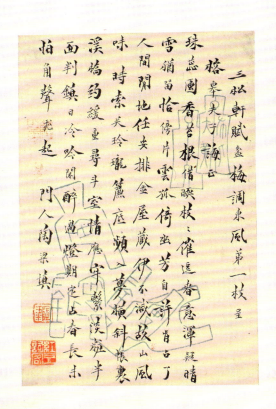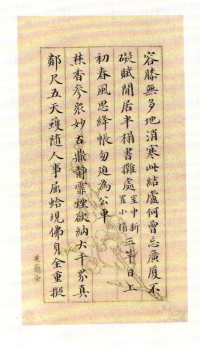

8. 巢松学使自山左有诗见寄次韵酬之。百年过八知余几，深感天公赐老闲。抚石偶同陶靖节（陶公醉石见庐山记，予颜所居曰：醉石山房以志向往），思诗常喜白香山。钝根未许参三昧，凡骨何由炼九还。多谢亲朋劳问讯，不教猿鹤守紫关。新诗醉拍翰林肩，友烛宵艰尺五天。馆职声名叨老辈，宗盟交契托忘年。谢公展尊同山贼，陶岘舫屏署水仙。瀛得宫袍夸野服，画图团扇满城传。巨鳌惊才笑涛濑，胸中铸股夺邱迟。明湖水与仙槎接，泰岱云连使节移。族望世推名父子，斗魁群戴大宗师。尽教泻满蛟龙藏，一级友阶一集诗。钓月樵风自一家，门前问字少侯芭。松脂洒地空皴甲，兰气合春书卷芽（谓穉孙斯蟹）。贪买图书终近癖，惯亲丝竹或嫌奢。吾衰甚矣今无梦，秃尽毫端五色花。录奉榕翁尊丈是正，吴云呈本。

钤印："吴云"朱文圆印、"重游頖壁"白文方印、"醉石"朱文长方印

吴云（1747年–1837年），字润之，号玉松，斋名醉石山房，安徽休宁人，寄籍苏州长洲县。乾隆五十八年癸丑科二甲八名进士，散馆授编修，升御史，官至河南彰德知府。辞官后居山塘，以诗酒自娱。其子吴信中（蔼人）为嘉庆十三年戊辰科状元，著有《醉石山房诗文集》。

9. 丙子三月廿九日，游来鹤、何亭、藕华诸庵看牡丹，晚憩云泉精舍。是日三松居士亦在山中，路歧未得相见。翼日以诗见贻次韵奉和。编阅招提胜，红云到处妍。难期崇敬伴，同结看花缘（乐天兴微之诗崇敬牡丹期）。芳思萦三月，春光又一年。昨朝新雨过，夹道有鸣泉。晶舍藏山腹，藤花落晚妍（泉上藤花颇盛）。云山新杖屦，钟磬旧因缘。桑下曾三省，楼头巳卅年（往一峰住山日，余常假宿兼山阁上，迄迄三十余年，一公亦化去久矣）。白云留小住，谁共漱清泉。翠凤呈稿。

钤印："枚菴漫士"朱文方印

吴翌凤（1742年–1819年），初名凤鸣，字伊仲，号枚庵，别署古欢堂主人，斋名归方舫、古欢堂、古香楼、归云草堂等，祖籍安徽休宁人，侨居苏州。嘉庆诸生，工诗文，擅书法，通金石，好藏书，于学无所不窥，以博艺多才名于世。曾应湖南巡抚姜晟（杜艻）之聘，携家入楚，课其子嗣。嘉庆元年主讲浏阳南台书院，遍历匡庐、岳麓、洞庭诸胜。晚年始返，卜居城南，著书奉母，一时文士多从之游。著有《逊志堂杂抄》《与稽斋丛稿》等。

10. 容膝无多地，消寒此结庐。何曾忘广厦，不碍赋闲居。半榻书摊处（室中新置小榻），三竿日上初。春风思绦帐，匆迫为公车。焚香参众妙，古鼎静霏烟。欲纳大千界，真邻尺五天。蠖随人事屈，蛤现佛身全。重拟围炉兴，同时有七贤（师去冬作消寒雅集，与会者七人）。辛酉长至节前，谨和老夫子大人蛰室原韵即呈训之，受业蒋泰楷稿。

钤印："臣泰楷"白文印

蒋泰楷（1771年–1829年），字玉调，江苏长洲人。嘉庆己巳恩科中二甲第51名进士，授内阁中书。历官山东道、湖南道监察御史等职。工诗文，为潘奕隽门生，著有《纸窗竹屋试帖》等。

11.三松轩赋盆梅调东风第一枝，呈榕皋夫子诲正。珠蕊团香，苔根借暖，枝枝催逗春意。浑疑晴雪犹留，恰傍片云孤倚。幽芳自许，肯占了、人间闲地。任安排、金屋藏伊，不减故山风味。时索关、玲珑帘底。频入梦、横斜帐裏。溪桥约缓重寻，斗室情应牢繫。淡粧半面、判镇日、冷吟闲醉。过灯期、定占春长，未怕角声飞起。门人陶梁填。

钤印："陶梁"朱文方印、"红豆词客"白文方印

12.长天无际杳悠悠，活泼不停流。在山自爱清涟好，笑风波、人海沉浮。明灭几行懒鹭，往来一叶虚舟。落花飞絮等闲休，津畔猛回头。文章全得天然趣，顺风多，占断春秋。借问方壶太液，何如荻港蓍洲。卷舒随意翠微间，冉冉护松关。乾坤清气谁分取，筭相思，持赠应难。小隐旋迷古洞，闲眠只在深山。无心占住此乡宽，猿鹤共萧闲。为霖事业收犹未，便飘然，万里飞还。不见浮踪富贵，年年变幻无端。榕皋夫子以水云漫士自号，西湖陈君子恭为作一帧，题曰：水流云在。余因分赋之，得风入松二阕录呈钧诲，门人陶梁。

钤印："陶"朱文方印、"梁"白文方印、"红豆词客"白文方印

陶梁（1772年－1857年）字宁求，号凫芗，一作凫香，别署红豆词客，斋名红豆树馆，江苏长洲（今江苏苏州）人。嘉庆戊辰科中二甲第六名进士，散馆后选庶吉事，授翰林院编修。历官内阁学士、礼部侍郎、江西布政使、太常寺卿等职。富收藏，精鉴赏。为潘奕隽门生，著有《红豆树馆诗稿》等。

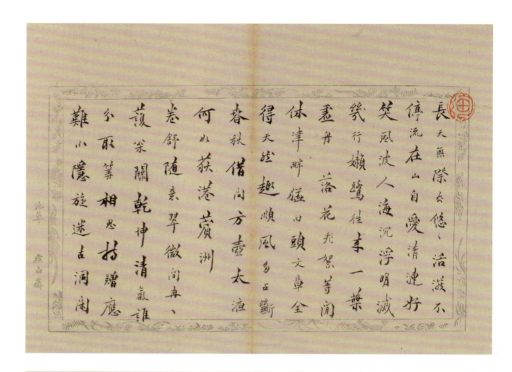

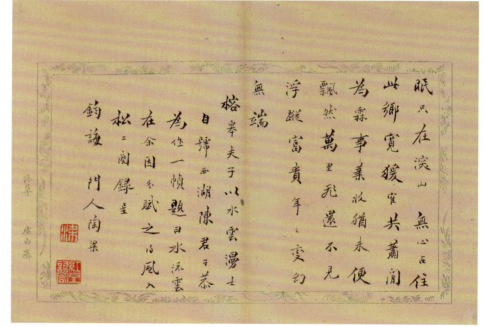

此《名人词翰册》为清代官宦名人诗词唱和册页。此册上款榕皋先生为清代著名书画家、藏书家、诗人潘奕隽。潘奕隽（1740年–1830年）字守愚，号榕皋，别署水云漫士、三松居士，斋名：三松堂、探梅阁、水云阁、归帆阁等，江苏吴县人。候选布政司理问潘冕（宗冕）之子，家学渊源。乾隆三十四年己丑科（1769年）中三甲九十七名进士，授内阁中书。历官户部主事、文渊阁检讨、四库全书馆分校官等职。工书画，书宗颜、柳，篆、隶入秦、汉之室；画工山水，师法倪、黄，不苟下笔。写意花卉、梅兰尤得天趣，诗跋俱隽妙。卒年九十一岁，著有《三松堂集》《水云诗》等。

潘奕隽为吴中文坛耆宿，是苏州"贵潘"科举世家的第一人，与江苏巡抚陶澍（子霖）、状元石韫玉（琢堂）、刑部尚书韩崶（禹三）、翰林院编修吴云（玉松）被誉为"沧浪五老"。乾隆五十三年（1788年）乞假归里，贵州乡试正考官萧九成作《归帆图》为其饯行，图成潘氏遍征诗友、名流宣城袁谷芳、钱塘吴锡麒、长洲王芑孙、钱塘袁枚、嘉定钱大昕、嘉定王鸣盛、阳湖孙星衍等三十余家赋诗填词，撰序署跋，一时称盛。

此册内含乾隆三十一年进士、刑部尚书元和姜晟（杜芗），乾隆四十一年举人、兵部侍郎无锡秦瀛（凌沧），乾隆四十三年进士、紫阳书院山长仁和冯培（实庵），吴门耆宿陆敬（默斋），乾隆四十九年进士、刑部郎中吴县潘奕藻（畏堂），乾隆五十八年进士、翰林院编修长洲吴云（玉松），嘉庆诸生、藏书家吴郡吴翌凤（枚庵），嘉庆十四年进士、湖南道监察御史长洲蒋泰堦（玉调），嘉庆十三年进士、礼部侍郎长洲陶梁（凫芗）九家江南名宦诗家的作品。内容多为同年、诗友、兄弟、同好、门生与潘氏的倡和之作，根据诗词内容和部分作品的年款，应为乾隆末年至嘉庆年间之作，为研究潘氏晚年与诗友结社、倡和提供了佐证。

此册上钤收藏印"志万敬藏""姚江章显庭藏"，因此可考证其流传有序。此册最早为潘奕隽子嗣藏，后传至五世孙潘志万〔（1849年–1899年），字子俣，号硕庭、笏盦等，斋名还砚堂，江苏吴县人。清岁贡生，官户部候补主事。承家学，好学嗜古。其还砚堂所藏图书、碑版、字画、古币、彝器颇富,精于鉴赏校跋。〕之手。清末潘志万逝后，诗册流入市肆。

民国十三年（1924年）归姚江著名实业家、鉴藏家章显庭〔（1892年–? ）字基鸿，号云龙，斋名芸庐，浙江宁波高桥人。辛亥革命后，承家业经商于海上。历任上海四明公所经理、宁波旅沪同乡会理事、四明医院理事、亚洲银行董事等职。经商之余，嗜好古今书画，广结海上名流。曾与赵叔孺、丁辅之、钱瘦铁等海上名家发起成立"古欢今雨金石书画社"，尤与赵叔孺相交甚厚，章氏曾在芸庐为赵叔孺庆六十岁寿辰，有名士陈屺怀撰写寿文。〕，章氏得此册后，请好友海上金石书画名家鄞县赵叔孺为其题签并珍藏此册，堪称一段佳话。

（许晓荣）

10 童原 花卉图册（十开）

清（1644年–1911年）

各纵24厘米 横17厘米

设色绢本

钤印："童原之印"白文方印、"原山"朱文方印

著录：《中国古代书画图目》第六卷苏–13，文物出版社出版。

童原（生卒年待考），字原山，号九峰，斋名听松阁，江苏华亭人（今上海松江），后寄寓苏州。父童垲（西爽）善画花卉翎毛，勾勒挺秀，着色妍雅，有宋人法度。兼工写真，曾为董其昌写小影，因书"精一楼"匾额赠之。童原为垲长子，承家学，花鸟草虫，得宋元笔意，梅花秀雅。仲弟童铨（枚吉）、季弟童锦（天孙）皆负画名，可谓：季昆画苑皆高手；父子文坛俱名家。

童原《花卉图册》，无款，共十开。是册画海棠、牵牛、玉簪、芙蓉等各种花卉，间写蜜蜂、草虫。师法宋徐崇嗣、黄居寀，注重写生。花朵欹斜反侧，枝叶飘曳波俏，昆虫生动有趣。笔墨工细劲挺，勾勒没骨兼而有之，赋色雕青嵌绿，浓厚华丽，比诸其父西爽先生有过之无不及也。

关于童垲、童原父子生平及生卒年资料画史记载较少，都称其父子为明末清初花鸟画家。笔者曾阅清初地理学家吴县刘献廷（君贤）所著的《广阳杂记》，其中卷四录有：伊在（顾泖）言："童西爽尝为予作画册二十八副，藏之久矣，昨闻其凶问，遽命装裱之。《广陵散》于今绝矣。"遂出二册以视予，幅幅精妙绝伦，惜尚无人题跋耳。犹忆丁卯春，予将北上，西爽为予作画屏一曲。予向苦图《本草》者不得其真，学者案图而索，茫如也，因谓先生曰："予南归，取《本草》所载草木鱼虫，请先生图之，汇为一册，天下之伟观止此矣。"西爽亦慨然许之。予南归而西爽死矣，天也。刘献廷（1648年–1695年）字君贤，一字继庄，别署广阳子，祖籍江苏吴县，因父官太医，遂家居顺天府大兴（今北京）。年十九因双亲已逝，举家南隐于吴江。康熙二十六年（1687年）丁卯北上应徐乾学聘，入京参明史馆事，增订《明史·历志》《大清一统志·河南志》，遍历九州。康熙二十九年（1690年）离京南归返吴。按此文记载以及刘献廷的生平可推断童垲的卒年为己巳康熙二十九年（1690年），生年待考。而其子童原根据其流传作品的记年，可推断其生活的年代应在康熙至雍正年间。

（许晓荣）

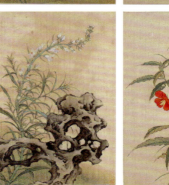

11　徐郙长部郎扈从纪恩诗卷

清（1644年-1911年）

引首：纵18.5厘米　横74厘米

诗文：纵18.5厘米　横68.5厘米

诗文：纵23厘米　横41.5厘米

诗文：纵20厘米　横34.5厘米

诗文：纵20厘米　横29.5厘米

诗文：纵18.5厘米　横29厘米

后跋：纵19厘米　横67厘米

后跋之一：尺寸：纵：25.5厘米　横165厘米

后跋之二：尺寸：纵：25.5厘米　横371厘米

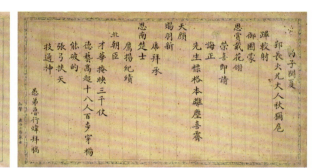

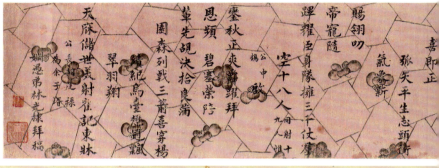

款识：

1. 引首：徐郢长部郎扈从纪恩诗卷。汉阳徐先生讳春，由刑部山西司郎中简任贵州思南府，此嘉庆二十一年（1817年）先生扈围秋狝纪恩诗卷。曾孙毓秀字凤传，奉以属题。戊辰四月，长沙程颂万谨篆。

钤印："十发"白文长方印、"颂万印信"白文方印。

程颂万（1865年–1932年），字子大，号鹿川，晚号十发居士，湖南宁乡人。自幼聪颖好学，少从堂兄程颂藩（伯翰）学，年十五就学于翰林杨彝珍（性农），以辞章闻名。后屡试不第，遂弃科举致力于诗词、新政，为湖广总督张之洞（香涛）、翰林院编修张百熙（埜秋）所倚重，充湖广抚署文案。光绪十七年（1891年）与堂兄程颂藩、易顺鼎、郑襄等假长沙周氏蜕园结湘社，又与汉寿易顺鼎、长沙曾传钧，时称"湖南三诗人"，极一时之盛。后历任湖北自强学堂提调、湖北高等工艺学堂监督、岳麓书院学监等职。辛亥革命后蛰居武汉，研习诗文、书画，主修族谱等。1927年移居上海，与清朝遗老朱祖谋、陈曾寿、郑孝胥、况周仪、潘飞声等结诗社倡和，鬻画为生。工诗词、擅书画。书精篆隶，篆学绎山碑，隶从华山碑，真行兼欧阳询、苏轼之法，雍容中矩；画擅山水、兰石，简洁有致。1932年病逝，卒年六十八岁，著有《十发居士全集》等。

2. 诗文：丙子闰夏，郢长亲家大兄大人秋狝扈围应射圆明园，中箭三枝，蒙恩赏戴花翎，恭赋二章，志喜即正。弧矢平生志，头衔气象新。赐翎叨帝宠，随跸耀臣身。队拥三千仗，群空十八人（同射十九人，惟公中鹄）。启龠秋正爽，爵跃拜恩频。碧塞荣陪辇，先觇决拾良。满园森列戟，三箭喜穿杨。绩纪乌台懋，冠飘翠羽翔。天庥储世美，射雀记东牀（公长嗣廷禄为余子壻）。姻愚弟林光棣拜稿。

钤印："光棣"白文方印、"谦仲一号通轩"朱文方印。

林光棣（生卒年待考），字谦仲，号桐轩、通轩，四川人。嘉道年间以名孝廉出宰粤西，历任广西永福、天河、修仁知县等职。在任期间，兴利除弊，勤于为政。倡捐凤台书院，纂修《永福县志》《天河县志》《修仁县志》等，颇有政声。工诗文、擅书法。天河石穴上"含乐岩"三字出自其手笔。

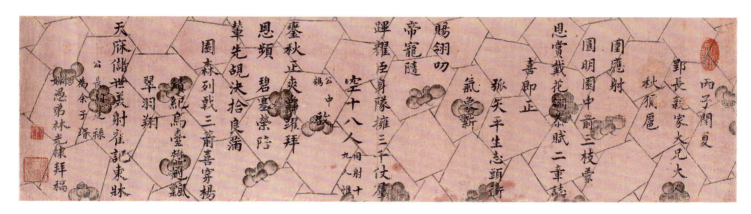

3. 诗文：丙子闰夏，郢长大兄大人秋狝扈跸，较射御园，蒙恩赏戴花翎，荣喜即请海正。先生标格本离尘，喜霁天颜赐羽新。屃拜承恩南楚土，鹰扬纪绩北朝臣。才华掩映三千仗，德艺高超十八人。百步穿杨能破的，张弓挟矢技通神。愚弟鲁行炜拜稿。

鲁行炜（生卒年待考），湖北麻城人，曾主南漳书院，工诗文。

4. 诗文：丙子闰夏，郢长大兄大人秋狝扈跸，较射御园，蒙恩赏戴花翎，诗以鸣贺。观德典辉煌，天颜觐玉堂。戴恩看虎拜，纪绩配鹰扬。属目朱缨灿，弹冠翠羽翔。一从邀帝宠，共许技穿扬。楚峯弟方城拜藁。

钤印："楚峯"白文印、"方城"朱文印。

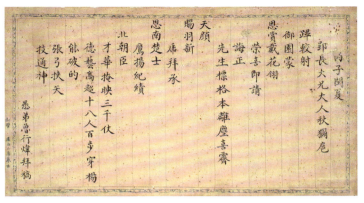

5. 诗文：恭贺郢长大兄大人得翎之喜二首。风毛知久属君家，翠羽新看蔚国华。身似宾鸿原有范，心县臣鹄自无差。弛张古道同观德，咫尺天威独拜嘉。彩动头衔辉鹭序，金貂初珥渥恩赊。文人武事独称奇，火色鸢肩信有之。赐拟紫金鱼袋重，才膺朱绶虎符宜。请看冠耀双南处，想见弓穿七札时。映丽形容欣对镜，彩毫添咏土台诗。（佚名）

6. 诗文：猿臂修长玉立身，饿鸱飞出角弓驯。穿杨技到参连快，压帽恩来片羽新。故佩狻丸欢老母，却招虎旅羡文臣。园林射枣儿时事，已识颜高绝有神。记得七八岁时，见君挽弹射的，虞亦以小弓射枣，迄今思之，匆匆二十余年矣。郢长大兄大人校射御园恩赏花翎之喜，愚弟恩虞拜贺。

钤印："芸份"朱文印

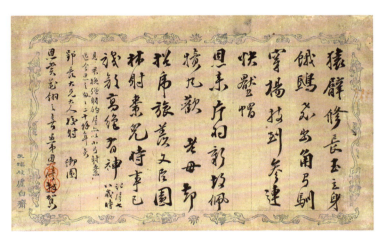

7. 后跋：风传仁兄以其先德丙子闰夏扈围秋狝诗卷属题。按光绪二年，岁在丙子，上推一周，则为嘉庆二十一年，距今已百余年矣。又按清代皇朝文献通考，康熙年间各蒙古文献，其牧地为行围，讲武之所，岁举秋狝之典。又皇朝通典载康熙二十六年巡幸热河避暑，自是每岁夏月启銮，至秋则举行大狝。乾隆、嘉庆中此举恒以为常，嘉庆御制诗集并有诗赋咏之，盖亦前代之掌故，非仅家乘之光也。略记之以归于风传其永宝诸，戊辰三月伯迟汤宝荣拜观敬识。

钤印："伯迟"朱文方印

汤宝荣（生卒年待考），原名鞠荣，字伯繁，后改名宝荣，字伯迟，号颐叔、颐琐、懒禅等，江苏武进人，迁居吴县。清末诸生，早年入上海求志书院习科案、词章、经学等，师从德清经学大师俞樾（曲园）。曾入芜湖道袁昶（爽秋）、苏州知府王仁堪（忍菴）幕。宣统元年被张元济聘于商务印书馆编译所总务处，为总记室。辛亥革命后为沈缦云荐入南京临时政府，复辞归上海，入商务印书馆。与李拔可、陈叔通、徐珂相交甚厚。工诗文，曾入沤社，与叶楚伧、夏敬观等诗词唱和。著有《颐琐室诗》《宾香词》等。

8. 后跋：较射御园诚邈然，中者荣幸贺者传。纲弛纽解恩不再，展卷历劫增凄酸。北极云昏龙且潜，南国妖孽盟再寒。安得壮士挽弓弛，不折一矢渠魁殭。蒿目不见开国贤，何来朝阳鸣凤篇。睦婣敦友美帝德，字字珠玉生云烟。羲献风格韩杜澜，五子齐声三百年。好藏箧笥示孙子，勿谓古昔难追攀。书成复有更易前诗作废。关弓较射圆明园，中者荣赐贺者传。纲弛纽解恩邈然，展卷历劫增凄酸。北极惨澹羲娥云，南国萧条豺虎群。安得圣明弧矢存，一殭渠魁安黎元。蒿目不见开国贤，何来朝阳鸣凤篇。睦婣敦友歌帝恩，字字珠玉生云烟。楚囚拓落华发妍，生不逢辰贫仰天。五子联吟如列仙，胜游黄农虞夏前。鸣下脱凤字。风传仁兄属题先德郢长先生较射御园，同人致贺诗卷，复园谢凤孙。

钤印："凤孙"朱文印

谢凤孙（1880年-1956年），字石钦，号复园、樗公等，湖北汉川人。清季举人，光绪二十九年（1903年）考入武昌文普通中学堂，次年加入科学补习班。光绪三十三年（1907年）加入同盟会，宣统元年（1909年）受其师沈曾植委派赴日考察税制。辛亥革命后历任湖北革命实录馆馆长、财政厅秘书、实业厅厅长、教育会会长等职。中华人民共和国成立后被聘为武汉文史馆馆员，工书法，师从章草大师沈曾植（寐叟），精行草，墨色沉郁，飞白自然，结字多取其倚侧之势，极富笔墨之感。《沈曾植墓志铭》出自其手笔，著有《樗公随笔》。

9. 后跋：同是先朝侍从臣，黔山游宦溯前尘（余叨讲官外简，作郡黔东。回首前尘，与先生相距百载矣）。桑弧蓬矢男儿志，吾辈贞元旧士人。末世功名笑烂羊，弹冠赐羽耀官场。酬庸首奋推东海，一箭能穿百步杨。宣统辛亥后十七年戊辰孟春月，恭题郢长徐先生较射御园诗卷，平江遗民吴荫培云盦录稿。

吴荫培（1851年-1930年），字树百，号颖芝、云盦、平江遗民。江苏吴县人。光绪十六年（1890年）庚寅恩科中一甲第三名进士（探花），授翰林院编修。历官顺天府乡试同考官、贵州镇远府知府、广东潮州府知府等职。辛亥革命后归里，创办"吴中保墓会"，开设修志局。与邑中名家张一麐、费树蔚、李根源等诗文倡和，书画相酬。晚年潜心考据，著有《云盦诗文稿》等。

钤印："酌水励清"朱文印、"云盦长寿"朱文印、"重歌泮水鹿鸣"朱文印

10. 后跋：庸器古所名，狝围秋有获。从臣影翠羽，招的众所服。百年吁滥段，五品坍民爵（咸丰军兴浚，有花翎捐，限五品以上）。矧不繇武功，何以旌繁弱。先皇究轨物，郎潜谅蹇谔。卿原不尽才，恩许天威託。黔山企昔麐，辽海恫归鹤。谁羼

逐鹿顽，冀复鸣鞞乐。（众所服改谨习学）。戊辰灌佛日，奉题郢长徐先生较射纪恩诗卷一首，子大程颂万时客海上。

钤印："程颂万鈇"白文印、"子大"朱文印、"匡山堂"朱文印

程颂万（1865年-1932年），字子大，号鹿川，晚号十发居士，湖南宁乡人。自幼聪颖好学，少从堂兄程颂藩（伯翰）学，年十五就学于翰林杨彝珍（性农），以辞章闻名。后屡试不第，遂弃科举致力于诗词、新政，为湖广总督张之洞（香涛）、翰林院编修张百熙（埜秋）所倚重，充湖广抚署文案。光绪十七年（1891年）与堂兄程颂藩、易顺鼎、郑襄等假长沙周氏蜕园结湘社，又与汉寿易顺鼎、长沙曾传钧，时称"湖南三诗人"，极一时之盛。后历任湖北自强学堂提调、湖北高等工艺学堂监督、岳麓书院学监等职。辛亥革命后蛰居武汉，研习诗文、书画，主修族谱等。1927年移居上海，与清朝遗老朱祖谋、陈曾寿、郑孝胥、况周仪、潘飞声等结诗社倡和，鬻画为生。工诗词，擅书画。书精篆隶，篆学绎山碑，隶从华山碑，真行兼欧阳询、苏轼之法，雍容中矩；画擅山水、兰石，简洁有致。1932年病逝，卒年六十八岁，著有《十发居士全集》。

11. 后跋：扈跸从秋狝，君臣一德咸。雕弓显身手，孔翠耀头衔。朵殿恩纶渥，华林校猎严。挽强三矢发，破的技超凡。戊辰中夏，奉题郢长先生校射纪恩诗卷，戢髯王树荣拜稿。

钤印："鹿制"朱文印、"树荣"白文印、"仁山"朱文印

王树荣（1871年-1952年），字仁山，别署相人偶、苕上骑驴客、卍盦老衲等，晚号戢髯，浙江吴兴（今湖州）人。其父王济廷（继香）为国学生，家学渊源。光绪二十年（1894年）甲午科举人，毕业于京师法律学堂。历任江苏高等审判厅推事、直隶高等审判厅推事、江苏高等检察厅检察长、湖北高等检察厅检察长、安徽高等法院首席检察官等职。工诗文，擅书法，著有《墨守家法》《相人偶居诗文稿》等。

12. 后跋：穿杨身手随秋扈，拜殊恩压帽侍中羽。甚威棱荡作寒灰，挂壁大弨安取。刑天干戚几时休，逐鹿中原无主。问谁能手殪天狼，重鼓吹曲中朱鹭。调寄黑漆，弩奉题郢长先生纪恩诗卷，朱孝臧。

钤印："疆邨"朱文印

朱祖谋（1857年-1931年），原名孝臧，字藿生，一字古微、古薇，号沤尹、疆村等，浙江归安（今湖州）人。其父光第曾官郑州知州，家学渊源。光绪八年（1882年）壬午乡试中举人，光绪九年（1883年）癸未科中二甲第一名进士（传胪）。历官翰林院编修、国史馆协修、会典馆总纂总校、礼部右侍郎、广东学政等职。辛亥革命后寓居上海，以清朝遗老自居。工诗词，与临桂王鹏运（半塘）、高密郑文焯（叔问）、临桂况周颐（蕙风）并誉为"清末四大词家"；擅书画，工行楷，合颜、褚于一炉，雍容娴静，别具一格；写人物、梅花多饶逸趣。1931年病逝，卒年七十五岁，著有《疆邨词》《疆邨丛书》等。

13. 后跋：嘉庆丙子，郢长先生随扈较射御园，中三矢，特赏花翎。一时贺诗成帙。哲嗣风传徵题却赋。木兰秋狝属车芬，睿庙从容竞策勲。三箭祇今成故事，天山谁是汉将军。承平懋赏

重朝廷，几见文臣孔雀翎。戎马书生能杀贼，同时殊遇记先灵。（嘉庆朝先伯大父用兵陕安，以平豫匪。岐郚襄功，特赏花翎。时际承平，文官最难邀此旷典。里中父老不知花翎为何物，拥与争观，传为盛事。先生拜赐亦正此时，观于形之歌颂，贵重可想道，咸以来军兵则数见不鲜矣）。己巳夏至后三日，长沙余肇康时年七十又六。

钤印："余肇康"白文印、"尧衢"朱文印、"倦知老人七十三后书"朱文印

余肇康（1854年-1930年），字尧衢，号敏斋，晚号倦知老人，湖南长沙县人。光绪十二年丙戌科（1886年）中二甲第二十五名进士，历官工部主事、汉阳知府、山东按察使、江西按察使等职。宣统年间任湖南粤汉铁路总公司总理，主持修筑了长株段铁路。辛亥革命后寓居上海，与岑春煊、瞿鸿禨、王闿运、王先谦、谭延闿等交往密切。1930年病逝，卒年七十七岁，著有《务时敏斋日记》《病余随笔》等。

14. 后跋：先朝尚戎事，扈狩竞多获。文臣列班联，一改儒冠服。盛遇沐睿赏，殊锡耀勇爵。黩武常垂箴，怀柔匪示弱。东海昔郎潜，一士久谔谔。苟非书生材，鸣镝将安託。典郡方纪绩，遄返令威鹤。披图徵故实，华林悦同乐。己巳嘉平中浣，奉题郚长徐先生校射纪恩诗卷，借用卷中程君颂万韵，以应凤传仁兄雅诿。时患耳鸣眩晕，工拙在所不计也。蛰盦弟吕景端时年七十有一。

钤印："吕景端印"白文印

吕景端（1859年-1930年），字幼舲，号蛰盦，斋名药禅室、笺发注览之斋，江苏阳湖（今常州）人。光绪八年（1882年）壬午科乡试中举人，官内阁中书。清末辞官寓沪，参加由汪洵（渊若）、哈麐（少夫）、倪田（墨耕）等发起成立的上海书画研究会。后因得同邑洋务派代表人物盛宣怀之邀，客其幕主笔政，曾为盛氏主编《愚斋存稿》。擅诗词，工书法，尤精行楷，雄浑清隽，为时所重。1930年病逝，卒年七十二岁。

15. 后跋：校猎先期试御园，文臣工射荷殊恩。摩挲宝墨群贤句，想见熙朝旧典尊。百七十年嘉话存（嘉庆丙午至今百七十五年。注王乃徵跋注有误，应为嘉庆丙子年至今百一十五年），遗笺索咏有文孙。沧桑不少衣冠胄，畴念先人被国恩。庚午季秋，奉题先德郚长先生秋狝蒙恩，群贤贺诗遗墨。即希凤传仁兄雅鉴，蜀北潜道人。

钤印："王乃徵印"白文印

王乃徵（1861年-1933年），字聘三，一字病山，晚号潜道人，四川中江人。光绪十六年（1890年）庚寅恩科中二甲第五十八名进士，散馆后授翰林院编修。历官福建陕西道监察御史、江西抚州府知府、直隶按察使、顺天府府尹、贵州布政使等职。辛亥革命后寓居上海，鬻书悬壶自给。工诗文，擅书法，精医理，著有《天目化游草》《嵩山吟稿》《病山遗稿》等。

16. 后跋：承平侍从谁能射，三矢褒嘉天语温。我亦南荒穷塞主，也曾翠羽被殊恩。宣统甲子，以孝胥尝戍龙州，特赏花翎，谢表有云：云霄一羽长悬捧日之心，闾阎九天窃附呼嵩之列。时适逢万寿节也。凤传仁兄属题先德秋狝蒙恩诗卷，辛未春

日，孝胥。

钤印：夜起庵叟（朱文印）

郑孝胥（1860年-1938年），字苏戡、太夷，号海藏，福建闽侯人。光绪八年（1882年）中举人，由内阁中书改官同知。光绪十七年（1891年）东渡日本，任使馆秘书、神户大坂总领事等职。光绪二十年（1894年）归国后历任总理各国事务衙门章京、京汉铁路南段总办、广西边防大臣、湖南布政使等职。辛亥革命后以遗老自居寄寓上海。1932年任伪满洲国总理大臣兼文教总长。工诗词，与侯官陈衍（石遗）为诗坛"同光体"倡导者之一。擅书法，工行楷，取法欧阳询、苏轼，得力于魏碑，所作字势偏长而苍劲朴茂。著有《海藏楼杂诗》等。

17. 后跋：较猎承恩御幄旁，书生绝技妙穿杨。他年五马称将贤，翠羽先腾压帽光。八国重联海上盟，载橐弓矢罢谈兵。迎銮我亦承殊眷（辛丑和议成，以漕督迎銮，中途特赏花翎），不及先生际太平。辛未四月凤传仁兄以先德郚长太守秋狝纪恩图诗卷，率赋二截录正，贵阳陈夔龙时年七十五。

钤印："筱石"朱文印、"松寿堂"朱文印

陈夔龙（1857年-1948年），字筱石、韶石，号庸庵、庸叟，别署花近楼主，斋名花近楼、松寿堂等，贵州贵筑（今贵阳）人。光绪十二年（1886年）丙戌科中三甲第五名进士，历官江苏巡抚、四川总督、直隶总督等职。辛亥革命后隐居上海，以遗老自居。工诗词，擅书法。工楷书，取法欧阳询、赵孟頫、董其昌诸家，儒雅恬静。著有《梦蕉亭杂记》《花近楼诗存》等。

18. 后跋：词赋能兼骑射劳，纳兰成德缺襟袍。楚人自有由基矢，博得云霄一羽毛。癸酉花朝，凤传仁兄属纪先德郚长太守校射蒙赏事。率成绝句，七十八叟衍。

钤印："衍"朱文印

陈衍（1856年-1937年），字叔伊，号石遗，斋名石遗室，福建侯官（今福州）人。清光绪八年（1882年）举人，曾入台湾巡抚刘铭传幕。戊戌政变后应湖广总督张之洞之邀赴武昌任官报局总编纂，后历任学部主事、京师大学堂教习等职。辛亥革命后寓居苏州，与章炳麟、金天翮等倡办国学会，任无锡国学专修学校教授。工诗词，与郑孝胥为诗坛"同光体"倡导者之一。擅书法，工行书，取法欧、颜，骨力内含，雄秀俊丽。著有《石遗室丛书》《石遗室诗话》等。

19. 后跋：鼓舞文醑励武嬉，郎宦执戟扈銮麾。长杨赋手穿杨技，喜动天颜焕羽仪。凤传仁兄以先德秋狝纪恩图卷属题，即乞教正，宣龚。

钤印："拔可"朱文印

李宣龚（1876年-1953年），字拔可，号观槿，晚号墨巢，斋名硕果亭，福建闽县人。光绪二十年（1894年）甲午科举人，官江苏候补知府。辛亥革命后寓居上海，历任商务印书馆经理、合众图书馆董事等职。工诗词，擅书法，富收藏。著有《硕果亭诗集》等。

20. 后跋：向惟知乾隆间王兰泉司寇从征缅甸得花翎，今又

见此，盖皆重武功也。军兴以前，汉人文臣得此者极少。留传至今，诚可谓吉光片羽。非后来名器之滥如烂羊头矣。风传仁兄属题先德秋狝纪恩诗卷，长乐黄葆戉。

钤印："黄葆戉印"白文印、"青山农"白文印

黄葆戉（1880年－1968年），字蔼农，别署青山老农、古希田父等，福建长乐人，久居上海。早年毕业于上海政法学堂，一度游幕四方。后历任福建省立第一图书馆馆长、上海美术专科学校国画系教授、商务印书馆美术部主任、上海市文史馆馆员等职。工山水，笔墨略偏于荒率；书法精于隶，取法汉碑，参入伊秉绶笔意，自成一家。著有《青山农书画集》《蔗香馆印存》等。

21. 后跋：乙亥七月南陵徐乃昌敬观。

徐乃昌（1869年－1943年），字积余，晚号随庵老人，安徽芜湖南陵人。出身望族，家学渊源。自幼熟读经史，光绪十九年（1893年）癸巳科中举人，历官江南盐巡道、江南高等学堂总办、三江师范学堂督办等职。辛亥革命后寓居上海，著述校刊古籍，曾与柳亚子、朱祖谋、王国维、罗振玉等编写《上海通志》。富藏书，著有《积学斋日记稿》《金石古物考》等。

22. 后跋：夏历乙亥小阳味云外史杨元溥敬观。
钤印："毅庄"朱文印、"杨元溥"白文印

杨元溥（1867年－？），字毅庄，号味云外史，河北束鹿人。清季与举人李厚祁（薇庄）同官苏垣，曾任宝苏局委员等职。辛亥革命后寓居苏州拙政园，以书画自娱。画工山水，近抚四王，上溯宋元。笔墨掩润，苍劲浑厚。

23. 后跋：开疆弧矢扇雄风，累叶相承尚武功（有清以弓矢开国，子弟宗臣皆以骑射蒙宠，累代相延。虽翰林近侍亦必习射，不独武职勋裔为然）。殿陛千官从令肃，云霄一羽拜恩隆（文臣非有特恩不赐孔雀翎，先督部公抚皖兼提督军门，始戴一翎，不兼提督之抚部则无。有犹例翎也，全皖止赵厚子先生。以获陈端，由知县赏一翎。当时诧为奇荣）。祇期黄霸褒关内（黄霸颍川太守，有治绩封关内侯），却喜廉颇在禁中。迴首木兰无限感，边尘扰扰逼隅东。风传先生见示，先德崖从秋狝纪恩同人吟贺诗卷。敬题一律，即希谠正，丙子岁暮江甯邓邦述。

钤印："群碧居士"朱文印、"邓邦述印"白文印

邓邦述（1868年－1939年），字正闇，号孝先，别署沤梦老人、群碧居士等，江苏江宁（今南京）人。光绪二十四年（1898年）戊戌科中二甲第五十九名进士，授翰林院编修。光绪二十七年（1901年）入湖北巡抚端方幕，曾奉派出国考察，任吉林民政使等职。辛亥革命后寄寓苏州，工诗词，擅书画，富藏书。书精玉箸篆，略与孙星衍、洪亮吉近，行书近李北海。晚居家校书之余，作画自怡。山水设色古雅，笔不求工，自入宋、元堂奥。著有《群碧楼诗草》《六一消夏词》等。

24. 后跋：书生亲挽上林弓，想见承平厉武风。张躅雍容兰狝盛，明良遇合藻昷同。酬庸宠诏啣双凤，纪胜新词赋六熊。岂只云霄见毛羽，牧颇曾在禁园中。风传先生属题先德崖从秋狝纪恩诗卷，即希教正，丁丑二月静海高毓浵敬识。

钤印："高毓浵印"朱文印、"潜子词翰"朱文印

高毓浵（1877年－1956年），字淞荃，号潜子，直隶静海（今天津）人。光绪二十九年（1903年）癸卯科中二甲第二十七名进士，选庶吉士，散馆后授翰林院编修兼任京师大学堂教习。光绪三十三年（1907年）赴日本早稻田大学留学，归国后在京师大学堂讲授西方文化、历史。辛亥革命后曾任江苏省督军公署秘书长等职。工诗文，擅书法。著有《潜子文钞》《潜子诗钞》等。

25. 后跋：丁丑五月元和王同愈获观。
钤印："栩缘八十后作"朱文印

王同愈（1856年－1941年），字文若，号胜之、栩缘，江苏元和（今苏州）人。光绪十五年（1889年）已丑科中二甲第二十二名进士，选庶吉士，散馆后授翰林院编修。历官湖北学政、江西提学使等职。辛亥革命后隐居嘉定南翔镇，潜心书画、诗文，以收藏、课徒为乐。画工山水，用笔雅秀，气韵浑朴，得宋元人逸韵，精工绝俗，不染一尘；书法学欧、褚，工稳谨严。富藏书，精鉴赏，著有《栩缘随笔》等。

26. 后跋：圆明园裡接龙光，三矢同穿百步杨。博得天颜真有喜，一时恩遇压侯王。万马奔腾御幄开，文臣从猎亦奇哉。却怜扈跸西巡日，蚍蜉偏邀异数来（余亦蒙赏花翎）。风传仁兄先生属题先德崖从秋狝纪恩诗卷，即乞教正。庚辰八月，七十九叟沈卫。

钤印："兼巢"白文印、"曾到蓬山重游芹泮"朱文印

沉卫（1862年－1945年），字友霍，号淇泉，晚号兼巢老人，别署红豆馆主，浙江嘉兴人。光绪二十年（1894年）甲午恩科中二甲第二名进士，授翰林院编修。历官甘肃主考、陕西学政等职。辛亥革命后寓居上海，鬻字为生，名播江南，被推为翰苑巨擘。

27. 后跋：校射长杨事已非，纪恩犹见羽飞翚。凌烟画象怀前哲，跋浪奸鲸先后机。枉矢长流天亦坠，戎衣未著日难挥。鲁阳壮志嶙峋在，好待商郊大合围。庚辰冬十有一月至后三日，奉题郾长太守随狝蒙恩诗卷，鄞县高振霄。余以宣统纪元，以编修蒙恩赏加侍讲衔，并赏戴花翎。到馆日惟掌院学士有翎，余为独出。馆中同僚集杜句以相嘲云：三年奔走空皮骨，万古云霄一羽毛。馆中皆大笑，比亦足备一朝掌故也，附识于此，霄再题。

钤印："西掖祕史"朱文印、"振霄"白文印、"甲辰翰林"朱文、"一生低首捧谢山"朱文印、"光宣侍从"白文印

高振霄（1877年－1956年）字云麓，号顽头陀、洞天真逸，晚号四明一个古稀翁、耄年励学等，斋名：云在堂、静远斋、洗心室，浙江鄞县（今宁波）人。光绪三十年（1904年）甲辰恩科中二甲第四十七名进士，选庶吉士，散馆后授翰林院编修、国史馆协修等职。辛亥革命后寓居上海，以治史、授课、鬻字为生。1949年后被聘为上海市文史馆馆员。工诗词，擅书法，尤精行楷，用笔稳健，挺秀峭拔，行书顿挫奔放，筋骨峻峭，行草则跌宕生姿，笔意酣畅。间作墨梅，亦饶逸致，著有《史发微》等。

28. 后跋：校猎长杨纪圣明，子云橐笔旧知名。君家先德留嘉话，旷古恩光旷代荣。我亦春明久服官，兴亡俱付一长叹。闲窗摊卷摧馘甚，家世羞称旧相韩。丁亥季秋重阳前三日，奉题郇长太守纪恩诗卷，庐江刘体智。

钤印："刘晦之"白文印

刘体智（1879年–1962年），字晦之，一字惠之，晚号善斋老人，斋名善斋、小校经阁、远碧楼等，安徽庐江人。晚清重臣四川总督刘秉璋之子，自幼聪慧好读，入其父至交天津李鸿章家塾就读，学贯中西。清末以父荫任度支部郎中、大清银行安徽总督办等职。辛亥革命后从事银行业，历任中国实业银行上海分行经理、中国实业银行总经理等职。中华人民共和国成立后被聘为上海市文史馆馆员，潜心于文字音韵学及文物考古研究工作。精鉴赏，富收藏。与甲骨、金石、古籍、青铜器收藏致力尤深，堪称海内一流，著有《善斋吉金录》《校经阁金石文字》等。

木兰秋狝是清代皇帝每年秋天到承德以北木兰围场举行巡视习武，行围狩猎的一种仪制。据史料记载从康熙二十二年（1683年）六月康熙帝首次入围，到嘉庆二十二年（1817年）九月嘉庆帝最后出围，一百三十四年间，康熙、乾隆、嘉庆三帝共八十八次到木兰围场行围，每次入围大约在农历的八九月间，行围时间持续半个月到一个月。规模宏大，场面壮观，扈从者有皇家子弟、文武百官、八旗禁卫军、蒙古贵族及本部骑兵等。道光以后，木兰礼废，清帝不再至围场。至同治时，围场放垦。光绪三年（1877年）设立同知衙门，作为皇家猎苑的木兰围场从此退出了历史舞台。至此存了一百三十四年的木兰秋狝制度，在历史的长河中留下了浓墨重彩的一笔。

嘉庆帝在位期间十分重视"木兰秋狝"，曾言："秋狝大典为我朝家法相传，所以肄武习劳，怀柔藩部者，意至深远。"嘉庆二十一年（1816年）丙子闰夏。嘉庆帝享太庙，亲诣行礼后，驻跸圆明园。为第十六次北巡出塞，举行木兰秋狝大典之前校射，考核指定扈从人员随行出围。

《徐郇长部郎扈从纪恩诗卷》所录诗文记载的就是此次木兰秋狝前圆明园校射的史事。徐郇长韦春，字郇长，湖北汉阳人。官刑部山西司郎中、贵州思南府知府。嘉庆丙子（1816年）秋狝扈围应射圆明园，三箭中鹄，蒙嘉庆帝恩赏戴花翎。一时亲翁、好友、同僚广西永福知县林光棣（桐轩）、南漳书院主讲鲁行炜等纷纷赋诗庆贺。

百余年后其曾孙徐毓秀（凤传）装池成卷，请岳麓书院学监、金石书画家程颂万（十发）以篆书题引首名曰"徐郇长部郎扈从纪恩诗卷"；从民国十七年戊辰（1928年）至民国三十六年丁亥（1947年），历时二十年。遍徵商务印书馆总记、诗词家武进汤宝荣（伯迟），辛亥元老、书法家汉川谢凤孙（复园），光绪庚寅探花、翰林院编修吴县吴荫培（云庵），光绪甲午举人、湖北高等检察厅检察长吴兴王树荣（仁山），光绪癸未翰林、清末四大词家之一归安朱祖谋（疆村），光绪丙戌进士、粤汉铁路总理长沙余肇康（尧衢），光绪壬午举人、内阁中书阳湖吕景端（蛰盦），光绪庚寅翰林、贵州布政使中江王乃徵（聘三），光绪壬午举人、内阁中书闽侯郑孝胥（苏戡），光绪丙戌进士、江苏巡抚贵筑陈夔龙（筱石），光绪壬午举人、同光体诗人侯官陈衍（石遗），光绪甲午举人、商务印书馆经理闽县李宣龚（拔可），商务印书馆美术部主任、金石书法家长乐黄藹戊（蔼农），光绪癸巳举人、三江师范学堂督办南陵徐乃昌（积余），古吴拙政园主、书画家束鹿杨元溥（毅庄），光绪戊戌翰林、藏书家江宁邓邦述（孝先），光绪癸卯翰林、江苏省督军公署秘书长直隶高毓浵（淞荃），光绪己丑翰林、湖北学政同愈（栩缘），光绪甲午翰林、陕西学政嘉兴沉卫（淇泉），光绪甲辰翰林、国史馆协修鄞县高振霄（云麓），中国实业银行总经理、鉴藏家庐江刘体智（晦之）等二十余家前清遗老、海内名人赋诗、填词、署跋倡和，一时称盛，堪称佳话。

（许晓荣）

12 高其佩 指画松鹰图轴

清（1644年-1911年）

纵190.5厘米 横98厘米

高其佩绢本指画《松鹰图》，1986年于无锡市文物商店征集，国家二级文物。画面远山高耸如壁立，远山四周大片留白，仿佛云气漫布；近处岩石上站立苍鹰两只，一前一后，一左一右，一昂首张望，一回首琢羽；一枝松枝从画面下方伸出，开出两叉，一枯一荣。画面布局疏密相间，墨色浓淡相宜，松枝虽着墨不多但恰到好处，既丰富了构图也稳定了画面的重心，使构图既简洁又丰满，有化腐朽为神奇之功效。作者以指代笔，点染皴擦，从俯视的角度通过远山、近处的苍鹰松枝，表现出人迹罕至的野外高远的意境。

高其佩（1660-1734），字韦之，号且园、南村、书且道人、山海关外人、创匠等，辽宁铁岭人，隶籍汉军。他工诗善画，人物山水，苍浑沉厚，尤善指画。他是指画的开山之祖，虽在唐即有用指作画，但能自成一家的开创者非高其佩莫属。

（杨启明）

13　顾大申　泥金书法扇页

清（1644年–1911年）

纵16厘米　横51厘米

款识：帝城钟鼓动高秋，仙仗遥从紫气浮。原庙衣冠连画省，露尽弓剑近螭头。星冲玉辇千官舞，日射金门九献稠。躬觐天颜分色咲，归来湛津满骅骝。孟秋陪祀太庙恭纪为绿铭先生书并正，大申。

钤印："顾大申印"白文方印、"震雉氏"朱文方印

顾大申，约清康熙初前后在世。清代水利专家。本名镛，字震雉，号见山，又号堪斋，华亭（今上海市松江区）人。顺治九年进士，授工部主事。康熙九年，疏言浚三江故道解吴越水患。大申精水利，工诗文，善画山水，画作上追董、巨；下承黄、王，为松江派之后劲。博雅喜文辞，善书画，山水远师董巨，近法思翁，清和圆润，绰有风情，尤工设色，高出时流，萧然远俗。诗亦精深。著有堪斋诗存，鹤巢乐府，上海最古园林之一"醉白池"主人。

（邵　燕）

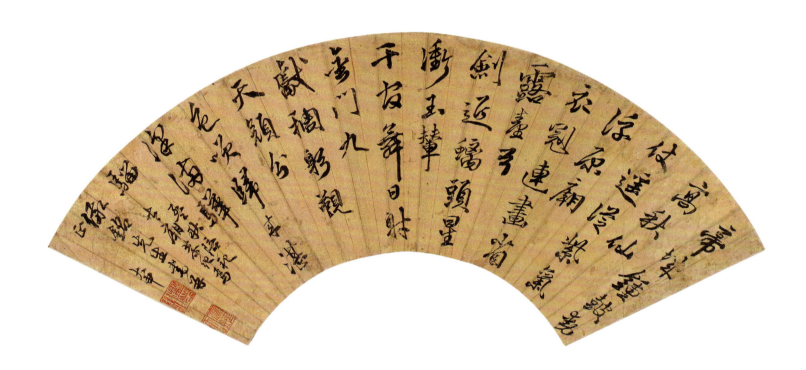

14 马元驭 花鸟图册（八开）

清（1644年-1911年）

绢本设色

各纵27.5厘米 横20.5厘米

　　马元驭（1669年-1722年），字扶羲，号栖霞，又号天虞山人，江苏常熟人。画传家法，气韵超逸。写生得恽寿平亲传，又与蒋廷锡讨论六法，故没骨画益工，神韵飞动，不泥陈迹。兴到之作，逸笔尤佳。

　　1986年无锡市文物商店征集。国家二级文物。此册作品题材为柳燕、幽菊、芙蕖、罂粟、丹桂、碧桃、草虫、水禽。花卉在技法上多用没骨，兼用双勾；每开皆有题识，书法隽雅清健。整册兼工带写，设色清雅，渲染妍润，饶富生趣。如第一开，绘轻燕于柳枝间回身振翅，枝叶随风飘拂，桃花飘落飞舞；禽鸟造型准确，情态生动；枝叶动态十足，颇具书法韵味。第二开，菊花双勾敷色，色彩多样协调；菊叶没骨写就，翻仰俯卷，脉络清晰；花苞较小者傲立挺拔，较大者则已微坠枝头，尽态极妍。画心题识："清霜下篱落，佳色散花枝。感咏南山篇，幽怀不自持。"第七开，写桃花灼灼，没骨点染，色泽鲜湛，花瓣娇艳欲滴；桃叶如翠羽飞绕，与花朵相映夺目。画心题识："却道东风偏解语，朝来吹放碧桃花。"钤印："虞山马扶羲父"朱文印、"元驭之印"朱文方印、"扶羲"朱文印、"栖霞子"白文方印。

（鲍佳铖）

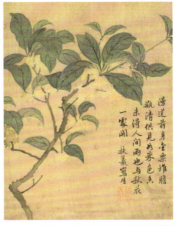

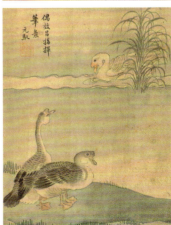

清霜下籬落佳色散花枝感咏
南山篇幽懷不自持
元馭

豈是藍田
種遜憐
彭澤秋
扶羲徙古

15 李鱓 嵩龄长春图轴

清（1644年–1911年）

纸本设色

纵163厘米 横93.6厘米

李鱓（1686年–1762年），号复堂，又号懊道人，江苏兴化人。康熙五十年（1711年）举人，五十三年供奉内廷，后出任山东滕县知县，以忤搭大吏罢归，至扬州卖画为生，为"扬州八怪"之一。供奉内廷时，曾随蒋廷锡学画，后又向高其佩求教，在扬州又从石涛笔法中得到启发，遂以破笔泼墨作画，风格为之大变。所作花卉，放笔写意，不拘法度，泼墨淋漓，纵横驰骋，于挥洒脱落中见规矩，不拘形似中得天趣。书法古朴，具颜柳筋骨。作画题款，随意布置，另有别趣。

1984年无锡市文物商店征集。国家二级文物。画幅左侧为一株巍峨的松树所占据，其上果实累累，树下耸立磐石几许，石旁点缀萱草几株。画家用斧劈皴塑造了石头的峻嶒之感，由于墨中水分较多，故显得淋漓酣畅；树枝、松针与萱草则以书法用笔处理，起笔多露锋。整图随意点染，横涂竖抹，却不失整体感和层次感，气势十足。据画心右侧李鱓题识可知，此图绘制于乾隆十一年（1746年），是一幅祝寿之作。松树象征长寿，古人又认为萱草可以忘忧，画家借用这两种植物祝福受画者健康无忧，因此画作又充满了吉祥的寓意。

钤印："鱓印"白文方印、"宗杨"朱文方印。

（鲍佳铖）

16 邹一桂 尧年图轴

清（1644年-1911年）

设色纸本立轴

纵153.5厘米 横87.5厘米

款识：尧年图似凤老亲台先生，弟邹一桂。

钤印："小山一桂"白文方印、"芳园"朱白文方印

著录：《中国古代书画图目》第六册苏7-15文物出版社出版。

邹一桂（1686年-1772年），字原褒，号小山，又号让卿，晚号二知老人，江苏无锡人。祖父邹忠倚（海岳）擅书法，父亲邹卿森（衡湘）以诗文、绘画有名于时。幼承家学，酷爱绘画。雍正五年（1727年）丁未科中二甲第一名进士（传胪），授翰林院编修。历官云南道监察御史、贵州学政、太常寺少卿、大理寺卿、内阁学士、礼部侍郎等职。工诗擅画，尤精花卉。师法恽寿平，重粉点瓣，淡色渲染，分枝布叶，条畅自如，风格明净秀雅，生动自然，为恽南田后仅见之名手。乾隆三十六年（1771年）赠尚书衔。次年（1772年）回家，卒于东昌途中。

邹一桂作为清代"常州画派"恽寿平的再传弟子，对恽氏"没骨花卉"技艺的传承和发扬起了至关重要的作用。同时作为清代宫廷词臣画家的代表，又很好的将宫廷绘画和恽氏画风融合在一起，逐渐形成"恬淡冲夷，自然合度"独特的绘画风格，对清代文人绘画产生了巨大的影响。

《尧年图》是邹氏为具有一定地位的凤老先生祝寿所作。此图画面布局饱满，一株古柏虬曲盘旋，擎天蔽日。树干勾勒遒劲，枝叶茂密，墨色浓淡相宜。画面下方寿石高低参差，线条勾勒圆浑劲健，皴擦烘染富有质感。石前水仙盛开，白描双钩花叶，藤黄点芯。数撮丛竹穿插石后，顾盼生姿。石绿点苔，清古冶艳。是图以柏树、寿石、水仙、竹子入画，取古柏长春、寿石延龄、诸仙祝寿之吉语，寓意深远。此图虽无年款，但依据其画风明显未受宫廷画影响，笔墨呈现出宋元、南田诸家，赋色清新淡雅，应为邹氏早年之作。

（许晓荣）

17 邹一桂 五君子图轴

清（1644年–1911年）

纸本设色

纵219厘米 横112.5厘米

　　1981年无锡市文物商店征集。国家一级文物。图中的"五君子"分别为松、柏、梅、兰、竹。古柏位于画面右侧，向左微倾，树旁有梅枝横斜；树下磐石矗立，苍松从石后斜势向左伸出，树间翠竹摇曳。左侧另有拳石一块，与大石呼应，石下幽兰正吐蕊含芳。画家为凸显古木参天，只截取松柏的部分主体，松鳞用淡墨层层勾皴，柏身则用线条反复皴擦，使之更显苍劲古朴；老枝或横垂，或虬曲，或盘旋，又为之增添了几分奇崛。柏树点叶，密中见疏，浓淡分明；松针撇划，干脆利落，杂而不乱。石体用极细的侧锋皴擦，石质的坚凝和石面的光洁明亮均得到了很好的表现。梅、兰、竹均双勾，各取其态，梅花明净古艳，兰花恬静安详，竹叶清劲健挺。整作谨细工整，古色古香。画幅上有乾隆题诗，另有邹一桂、汪由敦、观保、介福等人和诗。

　　钤印："内廷供奉"朱文印、"臣一桂印"白文印。

（鲍佳铖）

寫生妙品超逸
外少除思清韻却
刪伍置天姓生迎
宮五渭濱斜倚洛
當高分捐郎不調
虚和雪屬存軒传
寥翰深扑枝心

日草日木雖無
不由皆含宜玩
人刻山格想目
藕門院松瀟瀟
驕高踮雪寒梅
又如玉局持身
六可通為政

乾隆癸酉冬墨

18　方薰　秋寺寻诗图卷

清 乾隆（1736年-1795年）

纸本设色

纵30厘米　横125.5厘米

　　《秋思寻诗图》，纸本设色，二级文物，自无锡市文物商店征集。描绘了叠翠流金的季节，一众文人士大夫放舟湖上，正欲过访一处幽静的古刹，岸上已有老僧躬身相候。画心左下角有画家落款："乾隆乙卯（1795年）嘉平既望石门方薰写。"后钤"兰士"朱文印。

　　方薰（1736年-1799年），字兰坻，号兰士，又号兰如、兰生、樗盦生、长青、语儿乡农等，石门（今浙江桐乡）人。性高逸狷介，朴野如山僧，终身为布衣。诗、书、画、印并妙，绘画各科兼擅，写生尤工，与奚冈齐名，称"方奚"。幼慧敏，侍其父方眕游三吴两浙间，即以笔墨著称。父殁，乃就食桐乡金德舆家。金德舆嗜书画，多购禾中项元汴旧藏属其摹仿，由是朝夕点染，山水、人物、花鸟，悉臻其胜。山水结构精微，风度闲逸。花卉逸娟洁明净，绰有余韵。晚年好作梅、竹、松、石，而写生极荒率者，但笔趣直追元人。刻印入文、何之室，又能上窥秦汉。著有《山静居画论》《山静居诗论》等，后人辑有《山静居遗稿》四卷。

（鲍佳铖）

方蘭士秋寺尋詩圖真跡 丁亥穀雨正齋滑亭貴池劉氏古柳記

秋寺尋詩圖

戊辰中秋 息塵盦署

19　陈希曾　行书册（八开）

1814年作

各纵31.5厘米　横21.5厘米

款识：寄园八咏（文略）甲戌初夏廿二日寄园主人陈希曾。

钤印："陈希曾印"白文印、"钟溪"朱文印

陈希曾（1766年–1816年），字集正，亦字雪香，号钟溪。陈元次子，新城(今江西黎川)人。清乾隆五十八年（1793年）癸丑科探花，授翰林院编修。官至工部左侍郎之职。生平对掌故十分娴熟，曾官居国史馆，充作副总裁官。此作作于嘉庆十九年，作者时任江苏学政，客居寄园时对亭、池、碑、桥、石等景的遣兴之作。

（邵　燕）

寄園八詠

朗知如傳舍聊復此棲桅

李陰相接羊求顧興齋以花先

招竹院酒伴度蘭溪真面廬

山識遊人未許迷　開徑

蒝新根無著蘿苔跡心徑作添

20 秦祖永 仿古山水图轴

1881年作

纸本设色

纵96厘米 横46厘米

款识：张浦山云：麓台晚年好梅道人墨法，盖亦有会于董源也。余以为学者必专宗倪黄，然后探源北苑，庶无歧误。辛巳九秋写似昼堂老弟正之，邻烟祖永。

钤印："邻烟外史"白文印、"逸道人"朱文印、"桐阴馆印"朱文印

秦祖永（1825年-1884年），江苏梁溪（今无锡）人。字逸芬，又字撷芬，号桐阴、桐阴生、逸道人、楞烟、邻烟、邻烟外史等。道光三十年（1850年）拔贡，曾于河南开封为官，后任广东碧甲场盐大使。工诗古文辞，善书，而于六法力深研究。山水以王时敏为宗而神理并化。补图小品，逸笔点缀，颇尽妙谛，尽擅胜场。富收藏，精鉴赏，尤精画论，文笔隽秀。著有《桐阴论画》《桐阴画诀》，辑有《画学心印》等。

此作上款为清代梁溪书画名家潘锦。

（邵 燕）

21 吴观岱 仿古山水人物册（八开）

1902年

设色纸本

各纵29.5厘米 横22厘米

款识：

1. 金勒马嘶芳草地，玉楼人醉杏花天。渔陆。

2. 仿柯敬仲，渔陆散人。

3. 拟新罗画意，存觚道人。

4. 观潮图。渔陆散人。

5. 小桥流水，深林暮鸦。存觚道人。

6. 桐阴一枕凉于水，莲叶半溪香胜花。梁溪吴观岱作于花江村。

7. 风雨满湖天欲莫，村人幸得小舟归。观岱。

8. 满纲寒烟过石梁。壬寅清明后三日作小册八页本，赠颂平道长兄一笑并乞正之，弟吴宗泰同客荷花江村。

钤印："宗泰"白文长方印、"奂岱"朱文方印、"吴"朱文方印、"观岱"朱文方印、"宗泰"朱文长方印、"吴氏伯子"白文方印

吴观岱（1862年–1929年），初名宗泰，字念康，四十岁后改字观岱、适盦，别署观道人、觚庐等，晚号洁翁、江南布衣，江苏无锡人。少时家贫，嗜好丹青。师从同邑名家潘锦（昼堂）习画，继参新罗、南田诸家，得其秀雅之气。壮年得同邑廉泉（南湖）资助，挟艺游京师。结识京华名家，历览名画古迹，心摹手追，艺业大进，名震京城。辛亥革命后归里，致力于对石涛、石谿、白阳、天池、八怪等绘画艺术的探索和研习，逐渐形成了苍健浑朴、博大精深的画风。一时求学、求画者纷至沓来，锡城书画名家诸健秋、秦古柳、顾坤伯、杨令佛等均出自其门下。1929年病逝，卒年六十八岁。著有《吴观岱南胡诗意画册》《觚庐画萃》等行世。

吴观岱的画风影响了整个近代无锡书画家，从而成为江南一代文人画的宗师，与海上画派的倪墨耕、陆廉夫、朱良才有"江南四目"之美称。

《仿古山水人物册》，作于光绪二十八年（1902年），时年吴观岱四十一岁，为吴氏早期摹古代表作之一。是册仿元代柯九思（敬仲）、清代华嵒（新罗）笔意，将马踏芳草、秋柳雁行、高士听松、登亭观潮、小桥暮鸦、桐阴消暑、风雨归舟、烟过石梁等景象描摹生动，刻画细微。构图简洁明快，笔墨松秀洒脱，赋色清新淡雅。人物点缀和布景烘托相得益彰，情景交融，可谓诗情画意跃然纸上。

笔者曾见光绪三十一年（1905年）乙巳其写赠品三仁兄大人所作《梅花图》册（八开），落款和钤印与此册几乎如同一辙。两册相互佐证，为考证吴氏早年书画的师承及绘画落款的特点提供了详实的依据。由此可见，吴氏于光绪二十七年（1901年）辛丑改字观岱，时年四十岁。此后观岱与原名宗泰交替使用，出现在其书画作品中。这一时期署款有渔陆散人、存觚道人、小梅花庵主人、溪山画隐等，直至光绪三十二年（1906年）四十五岁后，作品落款遂以观岱行世，宣统元年（1909年）作品钤印"无锡吴观岱以字行"，此后其书画作品均以吴观岱署款行世。作此简述，以补画史之不载。

（许晓荣）

金勒馬嘶芳草地玉樓人
醉杏花天 漁隆

風雨滿湖天颯莫鄲人
未得小舟歸

桐陰一枕
涼颭水蓮
葉半溪
香勝花
灢涇吳飄鱑
作於花江邨

小橋流水深林
莫鴉存餘道人

観潮 当陽漁人

擬新羅畫法君存甶道人

依柯敬仲
漁陸散

滿綱寒
煙邁石果
壬寅清明
後三日作小
冊八頁奉贈
頌平道兄
一笑甚先
正己弟吳祖
因家荷花江鄯

22 贺天健 孤帆远影图轴

1913年
铅画纸水彩
纵55.5厘米、横39.5厘米

款识：中华民国二年三月始夏，锡山贺梦苑写于申浦环翠轩之南窗。

钤印："紫盦翰墨"朱文长方印

著录：《太湖佳绝：无锡书画名家集（一）》，文物出版社出版。

贺天健（1891年–1977年），字健叟，别署纫香居士，斋名开天天楼，江苏无锡人。

自幼家贫，嗜好丹青。幼从同邑肖像画家孙云泉习画，年十六作《石门摩崖》巨幅卷轴名噪邑中。辛亥革命后赴南京、上海求学任职，从事绘画创作，探索西画技法。1918年加入"海上题襟馆金石书画会"，与吴昌硕、王一亭等海上名家切磋画艺，时相唱和。20世纪20年代与同邑书画家胡汀鹭、诸健秋等创办无锡美术专科学校和锡山书画社。1929年与郑午昌、钱瘦铁、陆丹林等名家发起成立"蜜蜂画社"，人数逾百，盛况空前。历任无锡美专、上海美专、南京美专、昌明艺专、新华艺专等校国画教授，教育之余，潜心绘画。抗战胜利后与刘海粟、汪亚尘、郑午昌等被选为上海美术会监事。1949年后历任中国民族美术研究所研究员、上海文史馆馆员、西泠印社社员、中国美术家协会理事、中国美协上海分会副主席、上海中国画院副院长、丹麦康纳画会会员等职。1962年在丹麦举办个人画展时，被丹麦美术界誉之为当代"黑白画大师"。1977年病逝，卒年八十七岁。

贺天健先生作为海上画派的健将，新中国山水画的杰出代表。其成就归功于先生能突破传统绘画的束缚，学贯中西，熔传统笔墨和现实生活于一炉、南北画风于一体，开创了雄奇阔达、水墨交融、纵横奔放的山水画新天地。

《孤帆远影图》水彩画是先生存世不多的早年西画作品之一，弥足珍贵。此图为水彩风景写实画，画面中山石突兀，碧海蓝天，孤帆远影、白鸥惊起，极富诗意。用笔潇洒流畅，色彩洗练明快，给人以海天一色，空灵朦胧的意境。

此图作于民国二年（1913年），款识中提及的"环翠轩"为上海嘉定的秋霞圃，是我国著名的古典园林。先生时年二十三岁，落款为锡山贺梦苑。梦苑之名来源于先生曾梦于董北苑同游钟山，且拟师法董源，以专其业，遂改名梦苑。此图的出现为研究先生的绘画艺术经历提供了事实依据，可推断其早年探索西画的时间约在宣统至民国初年，或可补画史之不载。

（许晓荣）

中華民國二年三月始夏錫山賀夢苑寫於申浦環翠軒之南牕

23　金北楼　临项孔彰山水图册（十二开）

1923年作

各纵36厘米　横26厘米

款识：民国癸亥年八月，临项圣谟笔意。吴兴北楼金城写于京师。

钤印："金城"朱文方印

金北楼（1878年-1926年），名绍城，字巩伯，一字拱北，号北楼，又号藕湖，浙江吴兴人。早年曾留学英国，1918年与周肇祥等在北京成立中国画学研究会，力主取法宋元画法以振传统中国画。竭力促成古物陈列所开放，将清宫旧藏古物公诸于众，对北方画坛影响很大。其胞妹金章章为收藏大家王世襄之母。博学多才，书画篆刻金石六艺无所不精。山水、人物、花鸟均擅取法高古，为清末民初画坛之巨星。此十二册临项圣谟笔意，为金城1923晚年之作，其作多仿古、师古，在古人的意境中徘徊。此作较前期的临摹作品，更饶有生气。

项圣谟，字孔彰，浙江嘉兴人。为明末著名书画收藏家和画家。

（邵　燕）

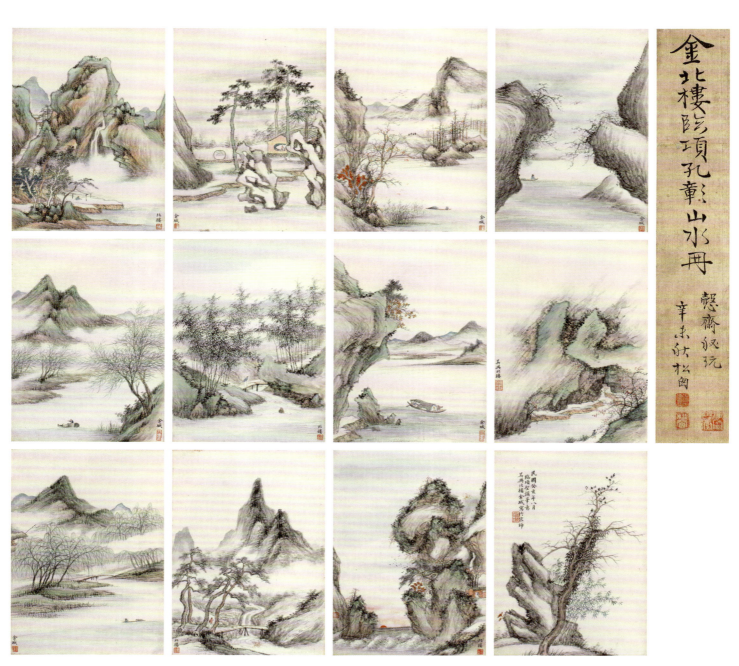

北樓

24 诸健秋 鸳湖影事图卷

1928年

设色纸本

引首：纵11.5厘米 横66厘米

画芯：纵11.5厘米 横66厘米

后跋：纵11.5厘米 横66厘米

款识：

1. 引首：鸳湖影事图。戊辰小岁除，寒厓。

钤印："孙"朱文印、"孤山片石存"朱文印、"与弥陀共一龛"朱文印

2. 画芯：鸳湖影事图。戊辰小春月望日，梁溪诸健秋作于河上草堂。

钤印："西神山人"朱文方印、"健秋"朱文方印、"存戏"白文方印、"曾藏锡山芝兰堂"朱文方印

3. 后跋：

（1）江山多丽惟春色，文采风流推吴越。遗事虹桥三百年，余韵至今犹仿佛。相逢两小俱无猜，一笑牵情低复回。课书余暇兼课画，无端邂逅成怜才。貂冠玉佩桃花面，红窗比肩同笔砚。得句联吟唱双声，神仙妒煞鸳鸯羡。地久天长无已时，此情只许两心知。翠禽合巢相思树，红豆子生连理枝。谁向花丛作蜨使，惊波忽绉一池水。人间春梦醒华胥，顿教好事从此止。绳规墨守旧家风，花自西飞水自东。流水潆洄牵恨深，春花憔悴可怜红。关山遥隔便人天，尊前怕理旧时絃。十年罗带湿珠泪，一夜鹃魂已化烟。至今卧听秋阶雨，背人暗数更楼鼓。往事回溯泪欲枯，从知家法猛如虎。吴郎相逢在海涯，沽酒约我停公车。含情欲诉当年事，欲言未言先咨嗟。索我诗为记事珠，再辞不可费踟蹰。为倩一代丹青手，传写鸳湖影事图。庚午仲春大铁题句，东壂居士书。

钤印："太原"白文印、"曾藏汪大铁处"朱文印、"汪"朱文印、"王朝瑞印"白文印、"东壂"朱文印

（2）桃花犹记映柴门，本事诗成梦尚温。剩有余情烟水里，红窗小舫鸭馄饨。庚午九秋，无恙。

（3）读画弦诗写洛灵，风云气尽惜娉婷。高楼柳色深如许，别有伤心忆小青。庚午嘉平，慨翁。

钤印："无恙诗画"白文印

钤印："孙保圻"朱文印

（4）楼头烟雨最销魂，一片鸳湖绿到门。千古伤心惟此地，还将影事忆梅村。吴梅村有鸳湖忆旧诗，西神王十三。

钤印："西神王十三"朱文印、"农家者流"白文

（5）清明过了，池上风光好。嫩柳夭桃春尚早，销得吟魂多少。芊芊小径流连，碧波照影嫣然。摆脱劳人生活，来寻世外桃源。山坳胜景，池曲明如镜。幽鸟嘤嘤清可听，遥起万千心影。柳阴落遍桃花，枝头尚灿余霞。临去香车留照，画中系住韶华。此忆梦月二词，为昔年偕潘公展兄伉俪及介子弟等游梁溪东大池后，与介子联吟之。作续鸳湖影事图，蓦忆昔游，爱题其后。辛未暑中，丹徒谢公展。

钤印："公展"朱文印

（6）湖名端合唤鸳鸯，影事流传水亦香。漫展画图寻艳迹，朱楼烟雨锁垂杨。辛未大雪后一日，杨楚孙。

钤印："楚孙"朱文印

（7）湖号鸳鸯，湖中合配鸳鸯宿。风狂雨袭，吹散鸳鸯各。似影迷离，往事欢难续。屏山曲，绿杨门角，梦也何曾熟。点绛唇，辛未冬至，胡汀鹭。

钤印："汀鹭"朱文印

（8）恋恋复恋恋，泛艳迴冰绮。雄龙与雌凤，相望南湖汜。龙头酒浇赵州土，化为六法通神理。画本不足图相思，子云奇字传之子。梦未缓，皱春水，春水翻，鸳鸯死，长相思，风雨里。吴生仙南馆鸳湖某氏，居停有女美。就生讲六法，日久情渐通。而居停主靳之，生解馆去，女数投书焉，未年女卒，生亦怀感以殇。其友大铁为乞健秋画师作鸳湖影事图，自题长句识之。昨岁将阑，值大铁沪垒出图属题，辄循逝跡，诹句报之。不图千载下，又闻华山畿唱矣。廿一年春未尽，龚翁记于三梦暗。

钤印："三梦閤"朱文印、"邓"白文印、"龚翁"朱文印

（9）影事回头说梦多，情天懴恨问如何。图中唤起曝书者，重补鸳湖百擿歌。大铁仁兄正句，癸酉三月，十劫老人潘飞声。

钤印："老兰"朱文印、"七十后作"白文印、"红豆"朱文印

（10）岂是寻春去较迟，枣花簾底雨如丝。月波楼外氋氃

柳，长遍东风连理枝。癸酉二月为大铁先生题，葆恒。

钤印："林子有"朱文印、"五岳登三"朱文印、"九州麻八"朱文印

（11）影事前尘恨未休，鸳湖湖小尚东流。纵知恋爱寻常甚，谁遣家庭靳自繇。亚子。

钤印："柳亚子印"白文印

（12）画里清波去不回，新词又起华山傀。坠天竭海寻常甚，却笑骚心作许悲。玉岑居士。

钤印："玉岑居士"朱文印

（13）柳梢九月尚黄昏，画里陈朱空有村。十里湖华名士血，一楼烟雨美人魂。角张往事随秋影，寂寞丹青賸墨痕。为谢水云索题句，残衫苦酒不堪论。廿十五年五月廿八日，应大铁同社属并乞正是，虬盦火雪明。

钤印："火"朱文印、"雪明"朱文印

（14）年年吴越水通灵，儿女相思未了情。识取鸳湖多少恨，湖楼不是牡丹亭。奉题鸳湖影事图卷，应大铁同社之属，施叔范。

钤印："叔范"白文印

（15）长相忆，朱楼倒影湖波碧。湖波碧，桃花人面，去年今日。柳丝难绾双飞翼，罡风吹断春消息。春消息，情苗留待，再生重苗。忆秦娥，大铁先生拍正，颂陀。

钤印："颂陀翰墨"朱文印

著录：《太湖佳绝：无锡书画名家集（一）》，文物出版社出版。

诸健秋（1891年–1965年），名鹄，字射侯，一字若侯，别署西神山人，斋名河上草堂、冬心砚斋等，无锡城内顾家弄人。幼喜绘画，从父诸海萍、兄诸永年习画。及长师从同邑书画名家赵印（鸿雪），工仕女、人物画，心摹手追，艺业日进。惜其师早逝，天不永年。遂于1920年奉执投入江南老画师吴观岱的门墙，得观老悉心指教，画艺益精。山水、人物师法吴门画派，上溯宋元，逐步形成了苍润清秀、平淡天真的艺术风格。20世纪20年代先后与恩师吴观岱、胡汀鹭、王云轩、丁宝书、贺天健等发起成立锡山书画社和私立无锡美术专科学校，并襄助执教担任国画教授，培养了众多人才。1929年其《观瀑图》《无量寿佛图》《梅花仕女图》《山水图》四幅作品入选国民政府教育部在上海举办的"第一届全国美展"，名重艺林。20世纪30年代参加贺天健、郑午昌等发起成立的中国画会，作品入选在德国柏林举办的中国现代美术展览会。曾与胡汀鹭、王云轩等发起举办无锡书画家联合展览会，轰动锡城。又与胡汀鹭、徐育柳等假城中公园多寿楼发起组织"云林书画社"，任副社长。1936年《健秋画存》刊印行世，同邑国学大师钱基博为之撰序，评价中肯。抗战爆发后曾避居海上锡金公所，鬻画为生，名噪海上。1949年后历任江苏省文史研究馆馆员、无锡文联副主席、苏南文物管理委员会委员、中国农工民主党常委等职，1965年病逝，卒年七十五岁。

《鸳湖影事图》是同邑金石篆刻家汪大铁以故友鸳湖影事（大铁诗友吴仙南为鸳湖某氏聘为塾师，旅舍老板之女秀美聪慧。从吴氏习画，日久生情。但遭其父反对，吴氏解馆离去，其女数次书信寄托情愫。不久其女因思念成疾，郁郁而逝，吴氏亦怀感以殇，有情人难成眷属的故事。）命题属健秋先生绘图，作于戊辰年（1928年）小春月望日（十月十五日），是年健秋先生三十八岁，为其早年山水代表作品。

是卷诸氏所作为文人案头把玩的袖珍画卷，虽属小品，但以小见大，情景交融。先生以松秀灵动的笔墨、清新淡雅的赋色、简洁明润的渲染描绘出垂杨掩映、人面桃花、寒桥雁过、天涯永隔的诗情画面，使观者惊叹不已。

图成大铁先生装池成卷，请丹徒名家谢公展题签，同邑书家孙揆均（寒厓）以瘦金体题引首"鸳湖影事图"；并自赋长歌诗，有虞山书家东壁居士王朝瑞（葵生）以小楷书录于卷后。后大铁遍徵虞山诗人、书画家杨无恙（冠南），同邑诗词家、《锡金日报》主笔孙保圻（希侠），同邑南社诗人、鸳鸯蝴蝶派代表作家王蕴章（西神），丹徒书画家、上海美术专科学校教授谢翥（公展），同邑诗文家、《新无锡报》创办人杨寿枏（楚孙），同邑书画家、无锡美术专科学校创办人胡振（汀鹭）、上海金石篆刻书法家、江南六铁之一同门邓散木（粪翁），南社诗人、海上题襟馆金石书画会会员番禺潘飞声（兰史），闽县诗词家、外交官、翰林院编修林葆恒（子有），南社发起人、上海通志馆馆长吴江柳亚子（稼轩），江南词人、寄园（钱振锽）弟子武进谢觐虞（玉岑），"哭社"诗友、通俗读物《上海城隍庙》编撰人浦东文学家火雪明（虬盦）、"哭社"诗友、《浙东日报》主编慈溪施绳祖（叔范），同邑古文诗词家、江苏省教育厅秘书长蒲石居士孙肇圻（颂陀）赋诗填词题咏，缅怀故友，寄托情思，堪称一段艺林佳话。

（许晓荣）

诸健秋　鸳湖影事图卷

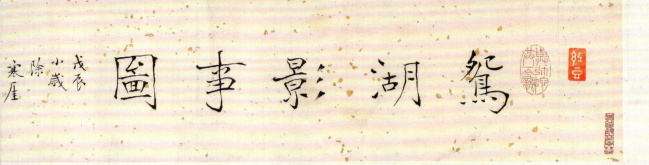

鴛湖影事圖

除寒　小藏　戊辰
屋　　　　

江山多麗惟春色文采風流推
吳越遺事虹橋三百年餘韻
至今猶彷彿相逢兩小慎無猜
王佩桃花面紅窗比肩同筆硯
課畫無端邂逅成憐才貌冠
一笑韋情低復同課書餘聚東
得句聯吟唱雙聲神仙妒煞
鴛鴦羨地久天長無已時此
思樹紅豆子生連理枝誰尚
情已許兩心知翠禽合巢相

清明已了池上盡
光射嫩柳夭柳桃
春少年銷盡吟魂
韋水伽流
影柳陰虛過
桃絲枝弄暗綠
賀監舊春車西
擬脫若人生佔半
多此外優游源
山場勝境池曲映
鏡遠起原子心
詩雲幽鳥燕清句

庚頣煙雨最銷竉一
片鴛湖綠到門千古
傷心惟此地還將影
事　憶梅魄
　　西神王十三

庚午嘉平儗翁

影事西邙讬懷多惜天
懺恨河岩圖事榮起
曝書芳靈補夋湖百權禪
大鐵於光王山癸未三月
大鐵先生題

影事前塵惆
韋休鳬湖小
尚東流繼知
邊邊尋韋甚
誰造字庭靳
自齡
五千

影事尋春去較逢東
花簾匝雨如絲月波摟
外絲柳長過城東風連
理枝
黃酉三月為
蘋煙

畫裏湾収吉
不因新詞又起
新山懷陽坐天
圖新山懷陽坐天

25　张爰　仕女图轴

现代

纸本设色

纵93.3厘米　横32.5厘米

张大千（1899年–1983年），原名正权，改作爰、猨、蝯，字大千，四川内江人。九岁时开始随母、姊、兄等学习绘画，1917年与二哥善孖留学日本，1919年回国师从曾熙、李瑞清，1941年赴敦煌石窟临摹壁画。他涉猎广泛，山水、人物、花鸟靡不精究。曾遍临大师名迹，如石涛、朱耷、徐渭、陈淳及宋元诸家；敦煌之行，画风更上窥隋唐五代，善用复笔重色，所作丰润华美，高古堂皇。1949年后先后在阿根廷、巴西居住，1978年定居台北。三十多年的在外漂泊，使其常常在笔墨中倾吐"万里思归总念乡"的感伤之情。

《仕女图》，1981年无锡市文物商店征集。图中仕女仪态端庄，面部表情从容安定，所着服装佩饰繁缛华贵，设色素雅高洁。衣纹使用了游丝描、琴弦描、兰叶描等多种技法，线条连绵不断、悠缓自然，富有节奏感和韵律感。作者把人物感情和线描融为一体，构成了内容与形式的高度统一。画幅上部另有画家自题行书七绝一首："霓裳一曲酒千钟，沉醉人扶雨露浓。欲赋新词拟颜色，他年太液对芙蓉。"书法遒劲开张。据诗后落款可知，此图作于1934年。

钤印："摩登戒体"朱文印、"大千大利"白文印、"张爰"白文印、"摩耶室"朱文印。

（鲍佳铖）

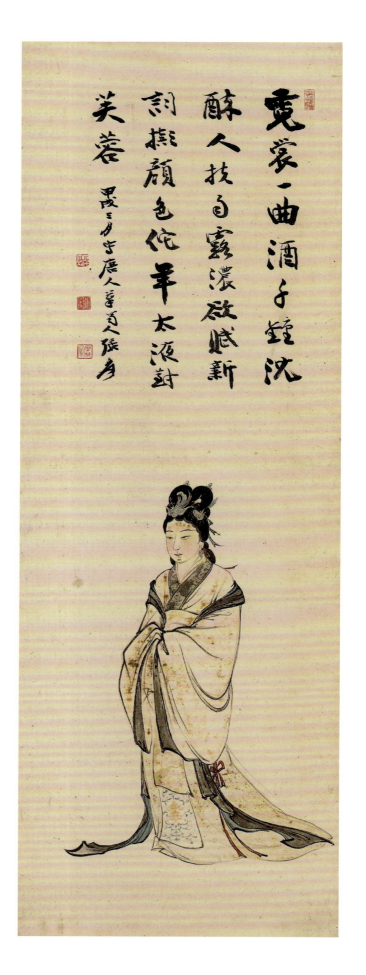

26 钱松嵒 故园佳色图轴

民国（1911年-1949年）

设色纸本

纵136厘米 横33.5厘米

款识：

1. 时危世乱，我羁梁溪。结茅南郭，杜门不出。种畦蔬而咬其根，兼时黄花。严霜既降，争艳竞秀于篱隙墙根间，孤芳自赏，固非凡卉。所可得伍一尊，相对更恍，见柴桑翁于板荡之秋也。惟是回首家山戎马纵横，故园松鞠犹存否耶。思之不无慨然耳。钱松嵒写生并识。

2. 志云先生教正，弟钱松嵒又记。

钤印："钱"朱文方印、"松嵒所作"朱文方印、"松嵒"白文印、"芑庐诗画"白文方印、"岁寒松"白文印

著录：《太湖佳绝：无锡书画名家集（一）》，文物出版社出版。

20世纪40年代初，时值抗战时期，先生隐居无锡城中南郭草堂，对花写照，寄托情思，《故园佳色图》就是这一时期的写实代表作品。是图布局疏密有致，五株菊花傲然耸立，色彩斑斓。笔墨浑厚灵动，注重对菊花视觉形态真实感的追求，形神兼备。先生以菊花为题，面对国破山河，故园难归的伤痛，表现出中国文人隐逸坚贞的品格，同时对和平盛世年代田园生活的向往。此图无论在立意、构图、笔墨、赋色、题识都匠心独具，具有浓烈的时代风格和情感寓意，堪称佳作。

钱松嵒（1899年-1985年），别署芑庐主人、南郭草堂主人，斋名：芑庐、南郭草堂、顽石楼，江苏省宜兴杨巷镇湖墅村人。

自幼聪颖好学，随父亲钱绍起（晚清秀才）在杨巷镇私塾就读，同时对书画产生了浓厚的兴趣。临摹《芥子园画传》，研习书法，钻研画论，又经常去裱画店、年画摊、城隍庙观摩书画。

1918年以优异成绩考入无锡江苏省立第三师范学校，得书画名家胡汀鹭赏识和指授，艺业大进。1920年汀鹭师将其作品《贯华阁图》给江南老画师吴观岱观评，观老赞曰："此子将来必成名家。"同年破格被吸收为"锡山书画社"成员，与邑中名家王云轩、诸健秋、钱殷之、陈旧村等切磋画艺。

1923年毕业后曾先后任教于江苏省立第二女子师范附属小学、无锡私立竞志女子中学、无锡美术专科学校、江苏省立无锡中学。1929年其作品《寿者相》《山水》参加国民政府教育部在上海举办的"第一届全国美展"，并以优秀作品刊登于《美展特刊》上，一时轰动无锡画坛。20世纪30年代末迁居无锡南市桥巷新宅，起名芑庐、南郭草堂，闭门创作，鬻画为生。这一时期创作了大量的作品，山水、人物、花鸟均生动别致，自成一格。尤其擅长菊花写生，求者众多。抗战胜利后返校任教，并兼任无锡私立中学美术教员。举办个人画展，出版《松嵒画选》。

1949年后历任无锡市文联副主席、无锡美术创作筹备主任、无锡市人大代表等职。1957年被聘为江苏省国画院画师，专职国画创作。后历任江苏省人大常委委员、中国文联委员、中国美术家协会常务理事、江苏省国画院院长等职。1985年病逝，卒年八十七岁。

钱松嵒是现代中国山水画史上承前启后、推陈出新的一代宗师，是继傅抱石先生后新金陵画派的代表人物，尤其是20世纪60年代创作反应时代精神，融入民族特色的优秀作品《红岩》《常熟田》《延安颂》等，被誉为红色经典。而相对主题性较强的山水画来比较，钱松嵒先生笔下的花鸟画更注重写实，师法自然，情趣生动，寓意深远。

27 钱松嵒 崇岩藏云图轴

1943年

设色纸本中堂

纵147厘米、横80厘米

款识：崇岩藏云，澄潭涵空，占其最胜处位置。精舍安排茶臼、笔床、耒几、蒲团，以伫诗侣，以迟酒侣，来自结社，尚思脚踏软红尘耶。古人论画，以可居可游为上；此则有楼可眺、有阁可卧、有亭可倚、有舟可泛、有桥可通，兼以萝月、松风、石泉、林霏，举凡足以娱耳、养目、清心、涤虑者，无不咸备。览斯图者，当必有心领神会处也。癸未莫春，钱松嵒写于芑庐并漫记。

钤印："钱"朱文印、"松岩"白文印、"芑庐"白文印

《崇岩藏云图》作于1943年，先生时年四十五岁。时值抗战时期，烽火连天，兵荒马乱。先生寓居无锡城中南市桥巷芑庐新居，闭门不出，寄情笔墨，创作了大量的山水、人物、花鸟作品，《崇岩藏云图》即是先生这一时期创作的早年山水代表作之一。整图布局繁复周密，峰峦平坡，亭台楼阁，林泉飞瀑，小桥流水，松风萝月，溪水泛舟；图中人物或策杖结伴相游，或泛舟观景访客，或对坐论诗赏读，尽显一幅太平盛世、安逸乐居之景。是图笔墨技法娴熟，山石披麻折带相兼，富有层次感；树叶枯湿并用，苔草用笔松秀，密而不乱；笔墨浑厚苍秀，赋色清新淡雅，画中题识与画面意境相得益彰，寄托了先生对战争的厌恶和国泰民安生活的向往。

（许晓荣）

28 秦古柳 仿古山水图册（八开）

1944年

绢本设色

各纵40.5厘米　横26.5厘米

　　秦古柳（1909年-1976年），名廉，号问白子、问白道人、问白居士，江苏无锡人。12岁时拜吴观岱为师，其后又结识廉泉、裴伯谦等收藏家，饱览历代名家真迹，悉心临摹，博取众长；中年潜心于石涛、八大、新罗诸家，重视笔墨技巧的开掘；晚年则醉心黄山之雄奇。所作山水章法独具，笔墨酣畅，清逸高古，气韵超然。书法亦独树一帜，兼有碑之敦厚古朴、帖之奔放恣肆。同时，他还是一位卓有成就的艺术教育家，培养了一大批优秀艺术人才。

　　2020年无锡市文物交流中心征集。四开有题识，其中一开有年款，云作于甲申（1944）夏日。附秦仲牧跋1开。此册分别绘溪山行旅、策筇远行、临流独坐、楼阁仙山、溪岸草庐、山居读书、松荫鸣禽、秋江帆影。图中山川浑厚，林木深秀，点苔茂郁，墨气氤氲。题识行书用笔飘逸而不失凝厚古意，颇具汉简意味。所题既有对画史画论的认知，又有绘画创作的独特心得，如："蓝田叔云：'董巨尚以渲染远近，开元人生面于荆关。马夏皴以斧劈括铁，一落笔便不成增改。'六法自分南北派、文人匠画后，此调成广陵散矣！案有绢素洁密可爱，戏仿马远初秋图并识于旧方书屋"，反映了秦古柳并无门户之见，而是不拘一格，广泛临学，因此册中既能见到中锋从容的抒写，又能见到侧笔潇洒的刮擦；再如："今人每云作画不可模拟，以独创为能事，此言似高而实欺人自欺之言。细审名作无不入古，即文唐恽王诸公未离古法成己法。罕有不通古以求蜕化，独创卓然成也！譬如学字不临版碑可乎"，强调己法出自古法，反映了他对传统和创新的深刻理解，此套册页即是其用力实践之证明。整册结构精微，书画合璧，极富笔情墨韵。

　　钤印："古柳临古"朱文印、"问白子"朱文印、"纸田墨稼"朱文印、"古柳"朱文印、"秦古柳"朱文印、"天水"朱文印、"淮海耳孙"白文印。

（鲍佳铖）

一九八一年蓉震遠先生出示先君尺頁十三幀皆叔叔後物也

款題甲申（一九四三年）為父親世四歲時所作雖刻意

摹倣古人然已隱約可見面目筆墨沉著渾厚非甜俗

隨習者此書法晉唐尤為卷秀

歲月多多距今已卅八易寒暑矣而浩劫十年父親墓

木已拱誠不堪回首也

展示父親舊書作宛如栩栩如生地站在面前相對不禁潸然淚下

歲在辛酉立夏日秦仲拜題於舊方書屋石居

02

陶瓷

择泥幻化

1 青瓷狮形器

西晋（265年-317年）

长 12.5厘米　宽 5厘米　高 8.7厘米

　　此件狮形器，1976年从无锡市文物商店征集（无锡出土），现为国家三级文物。 狮四脚屈膝，四爪及地，昂首挺胸，怒目裂齿，身体雄健有力。长须贴于胸前，呈椭圆形，两耳；略有缺失，背毛纷披，体毛倒卷，腹无羽翼，尾如蜈蚣草紧贴臀股，背有一孔，孔上当有一圆形插管。胎体灰白色，施青釉，釉层较薄，篦划鬃毛、长须。器身中空，但摇晃内有块状物，应是合范成型。狮虽跪伏状，但整体显得威严雄健。

　　狮形器是西晋青瓷中的经典器型，多地墓葬都出土过。从目前已知有明确纪年的墓葬来看，以西晋为多，东晋初期亦有少量出土，此种器型虽出土不少，但名称尚不统一，有的称之为辟邪，有的称作狮，有的则笼统为兽形。

（张　帆）

2　青釉胡人捧兽器

西晋（265年-317年）

高 21厘米　口径 3.5厘米　底径 6.4厘米

　　此器物造型为胡人形，从无锡市文物商店征集（无锡出土）。胡人高鼻大眼，须眉浓密，头戴卷沿高筒帽，沿上划网格纹，帽筒顶边有弦纹；身穿联珠纹镶缘上衣，两手捧一兽，兽首似羊，有长尾，或为斑羚；器身中空，无底，背部近底处有缺损，可能是底部残缺磨平而成。从成型工艺来看，这件器物分体制作连接而成，帽筒内壁有弦纹，应是拉坯而成，胡人身为合范而成。

（张　帆）

3 建窑斗笠茶盏

宋（960年-1297年）
直径13厘米　高5.3厘米

　　斗笠形，小圈足。胎为棕褐色。内外壁满施黑釉，有兔毫纹，外壁施釉不及底。在烧制过程中，由于釉在高温下的自然流动，釉薄处形成酱色，近足处呈现垂釉现象。器物造型雅致，胎体规整。

（蒋晓波）

4 影青暗花渣斗

宋（960年-1297年）
直径19厘米　高8厘米

　　宽敞口，口沿上翻，束颈，弧腹下敛，平底涩胎。外壁光素无纹，内壁刻缠枝花卉，内外满施青白釉。胎质精细轻薄，釉色青白淡雅，造型端庄简朴。
　　宋代以景德镇窑为代表，在前代青瓷和白瓷的基础上，创烧出独具特色的青白瓷，其釉色介于青瓷与白瓷之间，青中带白，白中闪青，故称"青白瓷"，又称"影青"。《饮流斋说瓷》云："素瓷甚薄，雕花纹而映出青色者谓之影青。"

（陶　冶）

5　龙泉窑鬲式炉

南宋（1127年-1279年）

直径13厘米　高11.5厘米

平口折沿，直颈，扁圆腹，肩部有一道弦纹，弦纹处至足底起三道棱线，下承三足，足底露胎平切。（无锡出土）

宋人崇理好古，故龙泉窑鬲式炉系仿周代铜鬲样式而制，创烧于南宋，为文人雅士的珍爱至宝。此炉器型饱满圆润，古朴雅致。炉身通体施青釉，釉色青翠莹润，釉层浑厚润泽，展现出龙泉窑经典样式的高超艺术水准。

（陶　冶）

6 龙泉窑青釉镂空如意座

元（1260年–1368年）

直径25厘米　高17厘米

　　花口翻边，短颈，深弧腹，腹下渐收，圈足，足部中空。颈部开对称四个圆孔，腹部有四花形镂空壶门装饰，边缘双阴刻线勾勒，整器通透，极富立体感，胎釉莹润、厚重稳固，为器物之座。据《侯鲭录》载，北宋时期，称为"酒置"，用来放置酒瓶之器座。亦见置于鱼缸内供游鱼穿梭，故民间又称此物为"鱼穿"。

（孙政峰）

7 磁州窑褐彩坐像观音

元（1260年-1368年）
高24厘米　宽14厘米　厚7.5厘米

陶胎，米黄釉为地，黑褐彩装饰，中空，无底。观音头挽高髻，身披敞襟宽袖法衣，胸前饰璎珞，双手叠放腹前盘坐于云龙宝座之上，面目慈祥，姿态端庄。

磁州窑是中国古代北方最大的民窑体系，创烧于北宋中期，并达到鼎盛，南宋、元明清仍有延续。此造像为元代比较少见的品种。

（蒋晓波）

8　龙泉窑暗花菱口折沿盘

元（1260年-1368年）

直径27厘米　高5.5厘米

　　菱花口，撇口折沿，沿边起细唇棱，浅腹顺势出棱如花瓣状，裹足满釉，底部留有环形无釉垫烧涩圈，呈火石红痕。通体施青釉，釉质淳厚匀净，色泽青绿温润，内壁刻划折枝花卉，线条简练明快，内底坦平，印刻花卉纹，花繁叶茂，意韵无穷。此类菱口盘也是元、明时期龙泉窑青瓷的典型器物。

（陶　冶）

9 龙泉窑双凤耳瓶

明（1368年–1644年）

直径13厘米 高24厘米

　　盘口，口沿内敛起棱，长颈，斜肩，筒腹渐收，平底圈足。颈部两侧塑凤耳，凤首朝外，凤首与瓶颈连接，中间镂空，凤形传神，凤首、眼、羽翼印纹清晰，线条圆润，外型美丽大方。全器施粉青釉，釉色纯正，色泽典雅，釉面光滑，釉层凝厚。足沿无釉露胎，胎体呈黄褐色，细致结实。双凤耳瓶为龙泉青瓷的特有器型之一。

（蒋晓波）

10 青花周子爱莲圆格碟

明（1368年-1644年）

直径8厘米　高9.5厘米

　　圆筒形，上下以子母扣相连，通体四层。盒盖绘《周子爱莲图》，边饰如意纹；中间两层盒体各绘两对折枝梅花图案，整体青花发色淡雅，笔意流畅。

　　周子是对周敦颐的尊称。周敦颐字茂叔（1017年–1073年），道州营道（今湖南道县）人，北宋哲学家，曾知南康军。所著《爱莲说》称"水陆草木之花可爱者甚繁，自唐以来，世人多爱牡丹，余独爱莲之出于污泥而不染"，为世人称道，素有"周子爱莲"之说。

（孙政峰）

11　青花十八学士高足碗

明　正德（1506年–1521年）

高11.5厘米　直径15.8厘米

　　碗口外撇，弧腹下接直筒高足，足底略鼓，足内施满釉。胎质细腻洁白，釉色清亮。口沿内壁以一周锦地纹为边饰，碗心绘东方朔偷桃纹饰。外壁绘十八学士琴棋书画图。腹底变形莲瓣纹收边，高足部一周海水山崖纹饰。构图格调优雅，笔法精细潇洒，具有浓郁的书卷气息。青花色泽浓艳，应是采用佛头青料绘制而成。明宋应星《天工开物·回青》云："回青乃西域大青，美者亦名佛头青。"

（陶　冶）

12　青花龙纹盘

明　嘉靖（1522年–1566年）

高3.7厘米　直径17厘米

　　敞口，浅弧腹，圈足内凹。仅用双圈作边饰，光素典雅。盘心绘五爪龙立身游走于荷塘莲花间，盘外壁饰首尾相连的荷池双龙。盘底落双圈"大明嘉靖年制"六字楷书款。整器修胎精致，釉色青亮润泽，笔法生动洒脱，青花浓艳泛紫。嘉靖青花用回青料，发色浓艳泛紫。《陶雅》称："嘉靖尚浓，回菁之色幽菁可爱。"构成嘉靖青花瓷器独特鲜明的时代特征。

（陶　冶）

13 青花五彩龙凤纹盘

明 万历（1573年－1620年）
高3厘米 直径17.5厘米

撇口，胎薄，矮圈足。施釉洁白，釉色莹亮，口沿以青花单线勾边，内壁绘青花五彩缠枝花卉，盘心青花双线为廓，内绘青花五彩花间龙飞凤舞纹。外壁饰青花五彩八宝纹。底落双圈"大明万历年制"六字楷书款。此盘构图繁密喧哗，色调多彩艳丽，龙凤腾跃于绿叶红花之间，别有意趣。龙首在上，凤头向下，隐含"龙主阳为天，凤主阴为地"之意。

（陶 冶）

14 青花花鸟蒜头瓶

明 万历（1573年－1620年）

直径21厘米 高42厘米

　　直口，蒜头，长颈，弧腹，平足无釉。通体绘青花六层花卉纹饰，口沿饰卷云纹，蒜头处饰青花地开光花卉，颈部饰松竹梅，肩部饰卍字地开光花卉，腹部主纹饰如意云纹花鸟松竹梅，足圈饰卷云纹。青花发色艳丽蓝中泛紫，器形俊美秀丽，线条流畅，曲直变化有致，恰到好处。

（孙政峰）

15 青花花篮纹小碟

明 万历（1573年－1620年）
高2.4厘米 直径9.5厘米

口微外撇、弧腹、矮圈足。碟心绘花篮纹，内盛各种花卉。内壁绘竹叶、祥云、折扇、水藻，这种边饰突破传统别有新意。外壁绘蝶恋花纹，底书双圈"大明万历年制"六字楷书款。构图饱满充盈，层次清晰，青花发色浓郁。

明晚期，特别是万历之后，景德镇民窑出口欧洲、日本的外销瓷器非常流行装饰花篮纹。

（陶 冶）

16　蓝釉暗刻红龙纹盘

明末清初

高4厘米　直径20厘米

　　撇口，浅弧腹，圈足。盘内外施蓝釉，以留白为边饰。蓝釉色泽深沉肥厚，布满走泥纹。盘心暗刻红龙纹，盘外壁暗刻红双龙戏珠纹。底施白釉，釉色泛青，胎质白净细腻。

（孙政峰）

17 浅绛彩人物花鸟诗文方瓶

清（1644年-1911年）

高38厘米 宽21厘米 厚16.5厘米

　　四方形，撇口、束颈、斜直腹，口沿施酱釉，瓶肩对称塑描金狮耳铺首。浅圈足，瓶底书"大清同治年制"六字楷书矾红款。瓶四面绘浅绛彩人物花鸟，配以诗文。正面绘桐荫高士，颈部行书"窗临水曲琴书润，人读花间字句香。拟唐人笔意，甲戌（1874年）初秋子明氏作"，朱文"子明"。背面绘松下高士，颈部书钟鼎文"赐阳作宝鼎孙子藏其万年"。瓶身一侧绘荷塘鸳鸯，一侧绘菊花白头翁。整件器物造型大方，画面丰满，人物花鸟动静相宜，寓意美好，是一件不可多得的浅绛彩佳作。

　　俞子明，字子明，号砚溪渔人、砚溪山人。古徽州人（今江西婺源）。是晚清浅绛彩画师中创作周期最长，作品存世量最大的画师。擅人物与花鸟，又工行书及篆书，是晚清民国彩瓷发展衍变具有重要历史意义的大师。

（蒋晓波）

18 青花五老图大缸

清（1644年–1911年）

直径40.5厘米 高36厘米

　　唇口，鼓腹，敛足，沙底。通体绘五层青花纹饰，口沿绘青花冰梅纹，颈部绘几何纹、锦地万字开光山水纹；主纹饰绘五老图，底边绘海水纹。青花发色沉稳，人物刻画生动传神，神态愉悦，给人安逸祥和之感。

（孙政峰）

19 生瓷仿汉砖长方笔洗

清（1644年–1911年）

高5.5厘米　长16.2厘米　宽11.5厘米

笔洗以生瓷刻制而成，生瓷又称反瓷，表面无釉。长方形，挖池为洗。外壁四周皆有刻工。其中二面分别仿汉砖铭文刻："建兴，传世富贵。"一面刻有考据题识："蜀汉西晋皆有建兴年号，此砖得之吴兴，当为吴建兴也，吴孙亮之建兴也止二年，其后改五凤矣。隶体亦合三国时之制。"白文印章："吉金贞石。"另一面有一白文印章："碧声吟舘。"此印当为其拥有者许善长的定制印。笔洗乃文房必备之器物。将文人的艺术精神融入创作之中，有别于普通工匠的雕瓷。此件作品艺术气息浓厚，深具碑书的章法，笔力雄健，刀法精湛，鬼斧神工。

许善长（1823年–1891年），字季仁，浙江仁和人，出生官宦世家。早年冷宦京师，中年之后外宦江西，一生时间皆在任上。著有《碧声吟舘倡酬录》《碧声吟舘谭尘》及《碧声吟馆丛书》，传奇：《痤云岩》《风云会》《茯苓仙》《胭脂狱》《神山引》以及杂剧集《灵娲石》。

（吴维钊）

20 紫砂花形杯（两件）

清（1644年–1911年）

高5厘米　长11.5厘米　宽9厘米

高4.3厘米　长10.7厘米　宽9厘米

段泥为胎，各以大朵梅花、玉兰花塑形，外壁堆小花、小枝，枝杆为柄。构思灵动巧妙，造型生动逼真，生活气息浓厚。器外壁均印有上"王"篆体圆印、下"公其"篆体方印。王公其，清早期紫砂名匠多见文房花货。

（陶　冶）

21　青花缠枝纹梅瓶

清（1644年-1911年）
口径8.2厘米　肩径20厘米，
高37.8厘米　底径13.5厘米

　　此件梅瓶1980年无锡市文物商店征集。国家
二级文物。唇口，短颈微束，溜肩，长腹，近底
处略外撇。胎质洁白细腻，釉色清亮坚致，器身
以青花为饰，共分为五层，颈部折枝花卉，下一
圈卷草纹分隔，肩部一圈变形莲瓣纹，腹部为主
纹饰缠枝花卉纹，下腹近底处为蕉叶纹。梅瓶是
瓷器中的经典器型，唐代出现，宋元明清流行不
衰，早期为酒器，后逐渐发展为陈设用器。

（张　帆）

22　青花花鸟纹象腿瓶

清 顺治（1644年-1661年）
高27.7厘米　口径7.4厘米　底径7.3厘米

　　此件青花花鸟纹象腿瓶1973年无锡市文物商店征集。国家二级文物。口微撇，短颈，筒式腹，平底无釉露胎，底部有明显的一圈圈旋胚纹。瓶胎体洁白，釉色清亮，以青花和印花为饰，颈部绘三组花草纹，以上下两圆点分隔，肩部和近地处印一圈海水纹，腹部绘竹石花鸟图，山石漏透，牡丹盛开，翠竹自山石处生长，一只雀鸟栖息其上。虽在瓷胚上作画，亦有纸上书画效果，景物逼真，生动自然。

（张　帆）

23　白釉剔花缠枝纹大盘

清　康熙（1662年–1722年）

高5.5厘米　直径35厘米

口外撇、弧腹、浅圈足，器底青花双圈印章形花押款。通体施白釉，正面采用剔花工艺，边沿饰几何纹，盘心满刻缠枝牡丹，釉色匀净，花纹微凸，突显浅浮雕效果。

剔花是陶瓷器的传统装饰技法之一，指刻好纹饰后，把纹饰以外的部分剔去，有留花剔地和留地剔花两种，此件为剔地留花。

（蒋晓波）

24 矾红描金鱼化龙棒槌瓶

清 康熙（1662年-1722年）
高24.8厘米 直径10厘米

盘口，直颈，圆折肩，圆筒状长腹，圈足。颈部饰折枝花卉，颈肩处绘两道变形花纹，瓶身绘鲤鱼，翻跃浪中，气势激昂。瓶底落青花宝鼎花押款。

鱼化龙是中国传统寓意纹样，亦名鱼龙变化。鱼化为龙，古喻金榜题名，时来运转。

（陶 冶）

25 茄皮紫釉碗（一对）

清 康熙（1662年–1722年）
直径12厘米 高5.8厘米

　　直口、弧腹， 浅圈足，器底施糯米白釉，青花双圈"大清康熙年制"六字楷书款。
通体施茄皮紫釉，色泽浓妍鲜亮，胎体轻盈，造型规整。

　　茄皮紫釉烧制于弘治时期，嘉靖、万历时虽然都有茄皮紫釉品种，但造型不及弘治
时规整。真正形成较为纯正美丽的色泽则要至康雍年间，传世品稀少，器型均小巧。

（蒋晓波）

26 青花加彩三多纹大盘

清 康熙（1662年-1722年）
高7厘米 直径33.8厘米

　　敞口，弧腹，双圈足，青花勾边，红绿彩水草纹为底，盘心青花绘折枝佛手、石榴。外壁绘折枝石榴、蟠桃纹。整器画面层次分明，色彩和谐明艳。

（蒋晓波）

27 青花麒麟纹大盘

清 康熙（1662年–1722年）
高8厘米 直径35.5厘米

　　口微撇、深腹、双圈足，器底施糯米白釉。口沿饰酱釉，盘内青花勾边，内绘竹石蕉叶麒麟。构图疏密有致，画面生动传神，青花发色浓淡相宜，是康熙朝瓷器的典型之作。

（蒋晓波）

28 青花釉里红盆花大碗

清 康熙（1662年－1722年）

高14.5厘米 直径38厘米

　　敞口，深腹，双圈足，器底青花双圈"康熙辛亥中和堂制"八字楷书款。碗内外壁口沿、碗心、圈足上均饰以青花双圈。碗心青花双圈内绘青花釉里红牡丹盆花，外壁绘青花釉里红桃花、荷花、菊花、梅花等四季花卉。以青花勾勒枝叶花盆衬托出釉里红花朵的艳丽，器型敦实硕大，装饰富贵华丽，处处彰显着独特的高贵大气。

　　康熙辛亥年为清圣祖康熙十年（1671年）。中和堂是康熙皇帝在圆明园中的住所。

（蒋晓波）

29　矾红留白缠枝莲开光五彩山水人物诗文瓶

清 康熙（1662年–1722年）
高41.5厘米 直径17厘米

此瓶撇口，斜肩，长直腹，圈足。通体以矾红彩留白缠枝莲为地，双面开光，一面以五彩绘苏东坡夜游赤壁纹饰，一面题诗文："五百年来续此游，水光依旧接天浮。徘徊今夜东山月，恍惚当年壬戌秋。有客得鱼临赤壁，无人载酒出黄洲。今我一浦千山寂，孤鹤横江掠小舟。"落款："西昌逸者"。钤"半山""木石居"印。此瓶是诗书画艺术的完美结合，一面绘画意境深远，一面诗文互相呼应，书法绘画与诗文共赏，实为康熙五彩瓷之佳作。

（吴维钊）

30 五彩花篮纹大盘

清 康熙（1662年-1722年）
高6厘米　直径35厘米

　　盘口微外撇，坦腹，双圈足，外高内低，两圈足间无釉。通体施五彩，盘口内沿绘锦地开光如意龙纹；盘心绘高提梁花篮纹，篮口为六边形宽口，绘锦地梅花，篮腹鼓圆，绘大朵牡丹花和皮球花，篮足为三个如意形撇足。篮中开满荷花、菊花、梅花、牡丹等四季花卉，一派生机盎然，整个画面清新典雅，主题花篮突出，盘底落青花双圈秋叶花押款。

（孙政峰）

31　五彩山水四方瓶

清　康熙（1662年-1722年）
高47厘米　宽14厘米

　　圆口方身，撇口、束颈、平肩、直腹下收，平底无釉；颈部绘五彩山水纹，肩饰如意云头花卉纹，器身四周分别绘五彩山水人物，艳阳高照，远处峭壁山崖险峻奇绝，壁立千尺，天际流云迤逦，苍鸿翱翔，古树参天，村舍掩映，平湖泛舟，廊桥观鱼，景色怡人，画面意境幽远，颇具清旷情趣。景物错落有致，颇得章法，构图巧密，远近相映，层次分明，色彩浓郁，笔触灵动，渲染皴擦，宛如一幅感染力极强的中国水墨画，格调清新，胎体厚重为康熙时期传统器物。

（孙政峰）

32 斗彩渊明爱菊纹盘

清 雍正（1723年–1735年）

高3.5厘米 直径15.5厘米

　　敞口，弧壁，圈足，形制周正。胎质细腻，釉质温润，绘渊明爱菊图，画工精美，色彩典雅。青花线内所用彩料以红、绿为主色调，填彩准确，工整细腻，不越边线。在有限的青花框内，将彩料进行渲染和烘托，改变了明代双线平涂的局限，使纹饰更加清逸秀丽。底书青花双圈"大清雍正年制"六字楷书款。

（陶　冶）

33　上蓝釉下豆青堆白松竹梅纹葫芦瓶

清　雍正　乾隆（1723年–1795年）
高30厘米　直径17厘米

　　葫芦形，长直口，束腰，腹部浑圆，矮圈足，底部微凹。造型似上小下大两天球叠加而成，甚是奇特。瓶上段施霁兰釉，釉色深沉浑厚，光素质朴，下段豆青釉贴塑白花岁寒三友纹，釉质青亮滋润，纹饰精细清雅，深浅两种釉色及光素与繁复的装饰手法集于一器，表现出雍乾时期的审美情趣。

（陶　冶）

34 釉里红三鱼纹盘（一对）

清 雍正（1723年–1735年）
口径15厘米 足径9.2厘米 高3.1厘米

国家二级文物，自无锡市文物商店征集。敞口，斜弧腹，圈足，圈足内青花双圈款"大清雍正年制"双行楷书，器型规整，款识端正。淡豆青釉地，盘外壁以釉里红填绘三鱼纹，釉里红发色鲜亮，微有不均处略白，形成剪影的视觉效果。雍正的三鱼盘为摹明宣德釉里红三鱼器而作，据养心殿造办处档案记载，雍正六年，太监海望传旨"着选宫内宣德三鱼器，鲜红者照样烧造盘碗若干"，由此可见，雍正皇帝对此类盘碗的喜爱。

（杨启明）

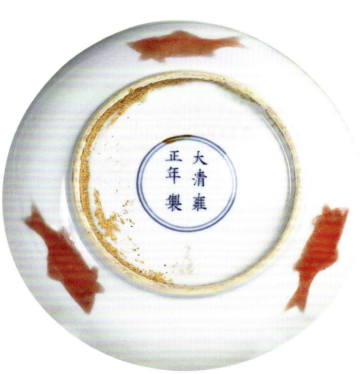

35 豆地青花杞菊延年折沿大盘

清 乾隆（1736年-1795年）
高5.4厘米 直径33.7厘米

　　折沿，浅腹，浅圈足，器底落青花"大清乾隆年制"六字三行篆书款。通体施豆青釉，盘心绘鸡、菊、石纹饰。器型简约大气，鸡与杞谐音，菊石寓意长寿，画面赋予吉祥长寿之意。

（蒋晓波）

36　豆青夔耳小瓶

清　乾隆（1736年－1795年）
高16厘米　直径8.5厘米

　　唇口、细长颈、颈部饰对称夔龙
耳、圆腹下敛、高圈足，足外撇，器底
书青花"乾隆年制"四字二行篆书款。
通体施豆青釉，胎体细腻，釉面温润，
色泽清雅柔和，器形别致精巧。

（蒋晓波）

37　豆青釉高足盘

清 乾隆（1736年-1795年）
高8.5厘米　直径16厘米

　　敞口、深腹、高足外撇呈喇叭状，足内中空、底施白釉，圈足内沿书青花"大清乾隆年制"六字单行篆书款。口沿施酱釉，器身内外满施豆青釉，足部凸起饰一弦纹。器型古朴，制作周正，釉面肥润，色泽淡雅。

（蒋晓波）

38 粉彩人物玲珑碗

清 乾隆（1736年-1795年）

高5厘米 直径11.5厘米

　　敞口，斜曲腹，圈足。碗内外绘粉彩西厢人物故事，假山空洞、卷缸、花盆、鼓凳等处采用玲珑制法，与场景巧妙结合，透光后甚是灵动；粉彩色泽艳丽，人物生动传神。

　　玲珑瓷是古代陶瓷艺术之瑰宝。在瓷器坯体上通过镂雕工艺，雕镂出许多有规则的"玲珑眼"，施釉烧成后这些洞眼成半透明的亮孔，十分美观。

（孙政峰）

39 粉彩人物鼎式兽钮小薰炉（两件）

清 乾隆（1736年–1795年）
高9.5厘米　　宽6.5厘米　　厚4.7厘米
高9厘米　　　宽6厘米　　　厚4.5厘米

　　方鼎式，方立耳，四边出戟，兽面四足，覆斗盖，兽钮。器形仿青铜鼎制式，周身绘粉彩人物，兽钮及方耳施金彩。一只青花开光出戟，另一只珊瑚红出戟，四足为兽首吞足式。此款薰炉乾隆时期多见，是文人案头雅器。

（孙政峰）

40　粉彩鱼化龙鼻烟壶

清　乾隆（1736年－1795年）

高6厘米　宽5.4厘米　厚1.3厘米

　　鼻烟壶，扁园形，平口微侈，平底。颈部绘宝相花纹，壶身前后两面以粉彩做装饰，一面开光海水鱼纹，一面开光海水龙纹，有鲤鱼跳龙门之意。烟壶左右两边饰矾红缠枝莲纹，底书"乾隆年制"青花篆书款。

　　明末清初，鼻烟自欧洲传入中国，曾一度成为时尚。如今人们已经没有使用鼻烟的习惯，但作为一种精美的艺术品流传下来，且长盛不衰。

　　　　　　　　　　（陶　冶）

41　炉钧釉小梅瓶

清 乾隆（1736年-1795年）
高11.5厘米　直径7厘米

　　唇口，短颈，丰肩，敛腹，斜切足，梅瓶通体施炉钧釉，底施满釉，釉色与器型相得益彰，置于案头，小中现大，自成一景。炉钧一色，盖以雍正高粱红、空天青交缠为上，乾隆月白、焰蓝垂流次之。

（孙政峰）

42 青花粉彩四季花卉莲瓣碗

清 乾隆（1736年－1795年）
高4.5厘米　直径9.5厘米

　　花口，斜曲腹，碗胎塑莲瓣状，口沿及足部勾勒青花双线，莲瓣凸起部分以青花修饰，碗身绘粉彩四季花卉，碗内绘粉彩团花四季花卉。底落青花双圈"大明成化年制"六字楷书款。整件器物秀丽华美，集瓷器多种工艺于一体，十分难得。

（孙政峰）

43　青花缠枝花卉绣墩

清　乾隆（1736年－1795年）
高25厘米　直径22厘米

　　鼓形，平面，鼓腹，平砂底。墩面中心以铜钱纹镂孔，墩面绘缠枝花卉。墩上下沿
各绘如意花卉纹，腹部满绘缠枝花卉与凳面相呼应。造型敦朴，纹饰繁密，做工精良。

（蒋晓波）

44 铁锈釉贯耳瓶

清 乾隆（1736年–1795年）
高37.7厘米 直径22厘米

　　唇口、长直颈、斜肩、肩颈连接处饰一凸起弦纹，圆腹下敛，浅圈足，直颈两侧对称塑管状贯耳。通体施铁锈釉，造型古朴隽秀，釉面密集闪现银色光斑，似夜空中的银河，别具一格。

（蒋晓波）

45 蓝地釉里三彩堆塑狮子滚绣球敞口瓶

清 乾隆（1736年－1795年）
高43厘米 直径20厘米

敞口，宽颈，溜肩，敛腹；整体以蓝釉为地，堆贴如意云纹、三狮戏球；狮身褐彩、鬃毛红彩，云纹及绣球施豆青釉。器形稳重敦实，色彩搭配自然，狮子活泼灵动，给人以喜庆之感。

狮子戏球寓意着消灾、驱邪、赶走一切灾难，好事就要降临。所以常言道："狮子滚绣球，好事在后头。"

（孙政峰）

46 粉彩描金人物故事塑和合香插

清 嘉庆（1796年－1820年）

高4厘米 直径12厘米

　　八角形，珊瑚红描金水波纹开光，盘面绘粉彩戏曲人物故事，盘心塑粉彩和合，和合背负金蟾。浅圈足，松绿底落"大清嘉庆年制"六字三行篆书款。此香插器型小巧别致，装饰精彩华丽。

（蒋晓波）

47 豆青粉彩云龙贯耳瓶

清 光绪（1875年-1908年）

高30厘米 宽19厘米 厚16厘米

　　此瓶造型端庄沉稳，胎体厚重，釉质莹润，画工精湛为光绪官窑经典制器。瓶呈四方形，直口倭角，腹部略鼓，底足呈长方形，颈部左右两侧各饰方形贯耳。通体施豆青釉，口沿装饰粉彩如意纹，腹部四面绘桃形矾红描金开光云龙纹，腹下部饰粉彩变形蕉叶纹。底书"大清光绪年制"六字楷书款。

（陶　冶）

48　紫砂刻博古景诗文方尊

清 光绪（1875年-1908年）
高20厘米　宽12厘米

　　钫式，敞口，束颈，垂腹。正反面刻博古景纹饰，两侧刻行书"光绪癸巳中秋作于钦江天涯亭畔之一枝轩茂林写""土精胜玉可驻华颜"；器底刻楷书印章款"钦州黎家造"。此尊为钦州坭兴陶，表面光滑如镜，以剔地雕刻为装饰手法。雕工精致犀利，纹样写实逼真。

（孙政峰）

49　浅绛彩清供图琮式瓶

清　光绪（1875年−1908年）

高29厘米　宽19厘米　厚14厘米

　　琮式，长直腹，宽圈足，瓶两侧塑象耳衔环铺首。正面浅绛彩绘清供图，瓶内插梅花、菊花，瓶前置一盆水仙、两颗马蹄、两册书籍。右上书"丙戌（1886年）季冬，周子善写"，朱文"印"。背面绘松鹤延年，瓶身一侧朱文"鲁公彝文"耳下七字钟鼎文、另一侧"仿父癸铭"耳下八字钟鼎文。器物造型古朴，构图精妙，情趣风雅。

　　周子善，晚清御窑厂画师，浅绛名家。善山水花鸟，偶有人物亦不俗。

（蒋晓波）

50 矾红描金八蛮进宝纹笔筒

民国（1912年–1949年）

高16.7厘米　宽12.2厘米　厚12.2厘米

　　笔筒方形，平口内卷，直壁倭角，方圈足。四壁通景绘八蛮进宝图。瓷胎洁白细腻，釉色纯净莹润。底落"大清乾隆年制"伪托款。笔筒画工精致，人物神态生动逼真，白釉素底更显矾红描金色彩艳丽吉庆，体现了民国时期仿乾隆瓷器的精湛技艺。

（陶　冶）

51 粉彩紫气东来笔筒、水盂

民国（1912年–1949年）
高11.2厘米　直径6.6厘米
高7厘米　直径6.6厘米

胎质细腻，高白釉，中薄胎。以新粉彩绘紫藤飞燕，寓意紫气东来。题识："紫薇花对紫薇郎，时在癸酉春事公干，毕达伯涛写于珠山客次。"紫藤枝蔓缠绕，叶子侧锋撇绘，以扒笔剐出脉纹，细腻生动。春燕相向，呢喃轻语，以墨彩描画，传神之处点染赭石，表现得饶有趣味。

毕伯涛，别名黄山樵子，1886年出生于安徽省歙县，是中国著名的陶瓷美术大师。画花鸟善于表现禽鸟瞬间动态与明媚鲜艳的花树，风格俊逸清新，刻意汲取新罗山人画风之精髓，融会贯通，使瓷画别具一格，对新中国成立后景德镇制瓷艺术的昌盛繁荣，做出了应有的贡献。身为文人的毕伯涛，平生研究金石、书画，造诣颇深，对瓷艺与画艺相得益彰的"珠山八友"流派的形成，做出了引人注目的探索，成为"珠山八友"初创时期的八位成员之一。

（陶　冶）

52　浅绛彩鱼藻纹洗

民国（1912年-1949年）

高4厘米　直径14.5厘米

　　口沿内卷，浅腹，双圈足，洗内绘鱼藻纹，鱼儿活泼灵动，充满生机。并书"活泼天机""壬戌秋八月""邓碧珊画意"行书款，"印"字章款。底足内落矾红"碧珊出品"四字篆书款。

　　邓碧珊（1874年-1930年），字辟寰，号铁肩子，"珠山八友"之一，中国陶瓷美术大师。堂号晴窗读书楼，江西省余干县人。清末秀才。科举废除后，在余干县从事教学，后来到景德镇瓷业学堂任教习，于是一面代人书写瓷字，一面功习鱼藻画技。邓碧珊的粉彩鱼藻瓷画，开瓷艺鱼藻文人画之先河，在景德镇乃至中国瓷艺界仍属首创。

（孙政峰）

53　紫砂刻花鸟诗文夔耳瓶

民国（1912年–1949年）
高47.3厘米　直径17厘米

　　敞口，溜肩，筒腹，敛足，紫泥双夔龙耳，器身粉段，器底印朱文"金鼎商标"楷书印章款。正面刻喜鹊登梅图，刻法犀利，苍劲有力；阴刻"江南春色，时在甲子（1924年）冬月之吉。宜兴跂陶氏并刻"行书款，刻阳文"吴"字章款。背面刻行书"夫天地者万物之逆旅也；光阴者百代之过客也。而浮生若梦，为欢几何？古人秉烛夜游，良有以也。况阳春召我以烟景，大块假我以文章。会桃花之芳园，序天伦之乐事。群季俊秀，皆为惠连；吾人咏歌，独惭康乐。幽赏未已，高谈转清。开琼筵以坐花，飞羽觞而醉月。不有佳咏，何伸雅怀？如诗不成，罚依金谷酒数"；"跂陶仿古并刻"。诗句刻字酣畅淋漓，极具金石之美感。落刻朱文"吴"字篆书章款。

　　吴汉文擅长陶刻，许多作品都署名："跂陶""企陶""潜陶""松鹤轩"等；他于民国五年（1916年）设紫砂陶器行。早期用印"吴德盛""吴德盛制""宜兴吴德盛制"阳文篆书款。至20世纪20年代，创立"吴德盛"著名商标"金鼎商标"。"金鼎商标"印款中央以鼎为图案，暗藏阳文篆书"吴德盛"、四角为阳文楷书四字"金鼎商标"印款钤于器皿底部，此印款沿用至1939年底。

（孙政峰）

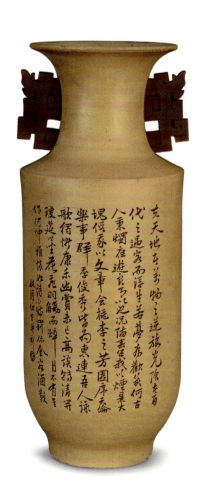

54 紫砂刻山水云肩瓶

民国（1912年-1949年）
高22厘米 直径17厘米

　　通体段泥制作，敞口、短颈、丰肩、敛腹、肩部饰双铺首耳，颈肩部及器足堆塑阴刻装饰,施以褐彩，沉稳大气立体感强。正面镌刻山水，落"幹廷氏刻"行草款；刻"任"字章款。背面刻钟鼎、甲骨文等书体。刻"阳羡永陶氏仿古镌"行草款。器底施"朴斋"篆书章。镌刻时以多变的刀法，表达陶刻线条的趣味和美感，将书法、画意、装饰、赋于紫砂之上相映成辉。

　　任淦庭（1888年-1969年），又名干庭，字缶硕，号漱石、石溪、聋人、大聋、左民、左腕道人。江苏宜兴人，陶刻大家。他的雕刻书法笔力遒劲，铁画银钩，真草隶篆各具风格，尤以大篆和古隶见长，且左右手均能篆刻，自成风格。能用左手画正面，右手画对称面，刻出的作品特别对称，是紫砂陶刻界独创的绝技之一。

（孙政峰）

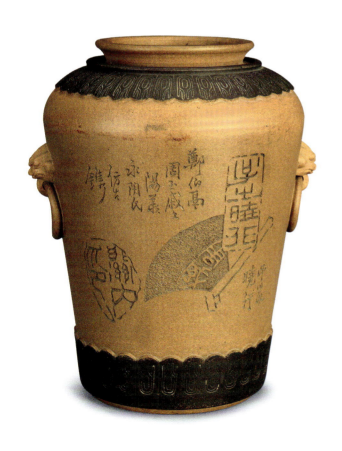

173

55 江雨三刻瓷圆瓷板（七件）

直径28厘米

江雨三（1861年-1930年），又名江南金，号雨三、雨道人、漱林居士等，祖籍安徽歙县，1865年由其母带至扬州寻父，定居于扬州刘氏定慧寺，又名刘乃江。

雨三先生自幼善刻石，初以刻石谋生，乃至刻竹、刻瓷，亦善刻制漆器，终以刻瓷而留芳后世，其虽无师承，但学养深厚，诗书画印皆精，为扬州瓷刻一代宗师，对瓷刻艺术精益求精，善于创新瓷刻工具及技法，风格独特，极具魅力。其传世作品常落怡性草堂、竹西山人、松石山房等书斋、堂名款。

据《扬州八刻》记载：扬州刻瓷始于清初而盛于清末民国，初为文人雅士不计成本、偶为唱和之作，其后逐步发展，流行于上层社会。刻瓷者以刀为笔，运用刻线、擦面、浅錾等多种手法，施艺于洁白釉面，虚实并用、意境趣雅，既具水墨特色，更有清新神韵，艺术品味甚高。扬州有据可查的刻瓷高手有江雨三、朱少甫等人，他们的书法绘画技巧熟练，自绘自制，用刀娴熟，自成一科。

1. 刻云龙纹瓷板：刀法细腻精湛，观有笔墨，触有手感。龙霸气威猛，云纹苍劲有力，立体感十足，刻行书长题："云，龙之所能使为灵也。若龙之灵，则非云之所能使为灵也。然龙弗得云，无以神其灵矣。失其所凭依，信不可欤。异哉！其所凭依，乃其所自为也。易曰，云从龙。既曰龙，云从之矣。戊申春三月，雨三江南金刻并题于松石山房。"

2. 朱门兴旺瓷板：刻"江雨三"篆书章款。

3. 举案齐眉瓷板：刻款："雨三江金写于寒碧轩。"

4. 花香峰勤瓷板：刻"江雨三"篆书章款。月季花盛开，三只马蜂在花与蜂巢间翻飞采蜜，给人生动鲜活之感！

5. 石斛兰瓷板：刻行书："露下芳苞折紫英，夜深香霭近人清。援琴欲鼓不成调，一片楚江空月明。丁未冬日雨三江南金刻并题。"刻"嗜古""雨三"篆书章款。石斛兰蜿蜒婀娜，配长题诗，画意布局清秀舒朗，给人高雅之感也！

6. 蔬果图瓷板：刻行书："背摹新罗山人法，丁酉冬至前二日即上，江雨三写并刊于怡性草堂。"。刻"雨三"篆书款。刻画蔬果有石榴、莲藕、百合、逼真如实，给人亲切生活之感。

7. 花卉瓷板：刻行书："丁酉冬日雪窗呵冻，写并刻竹西，江雨三。"刻"嗜古"篆书章款。月季花妩媚盛开，搭配绿竹相伴，给清雅秀美之感！

（孙政峰）

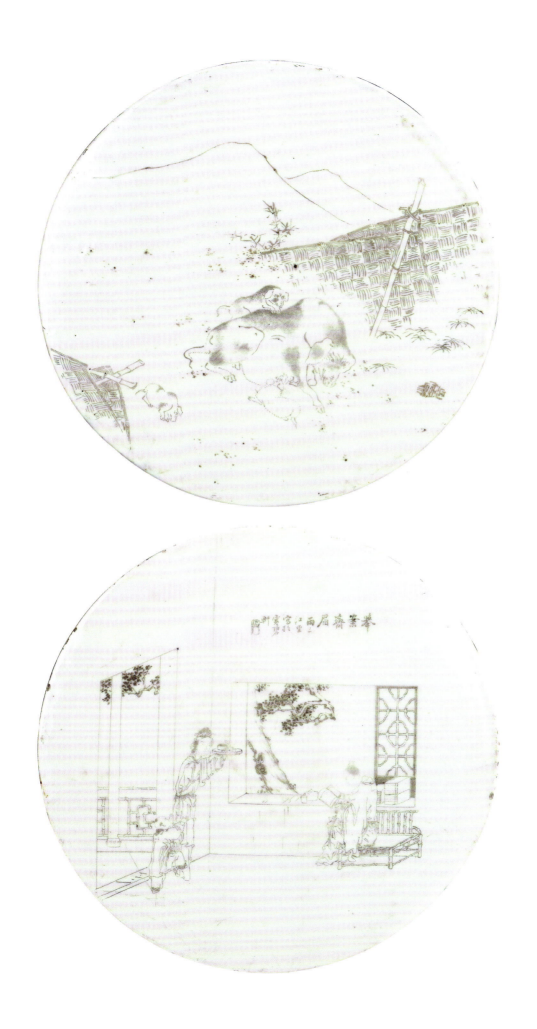

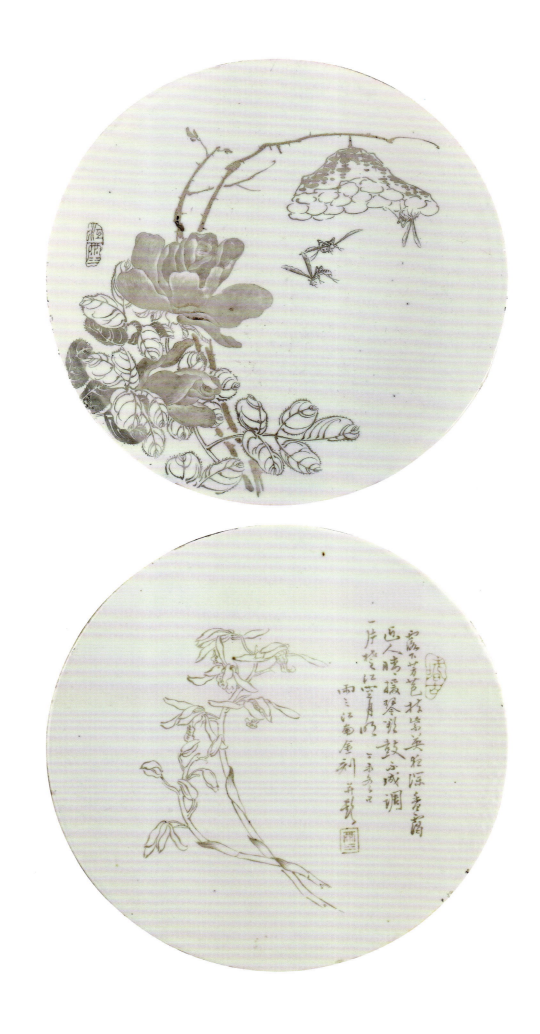

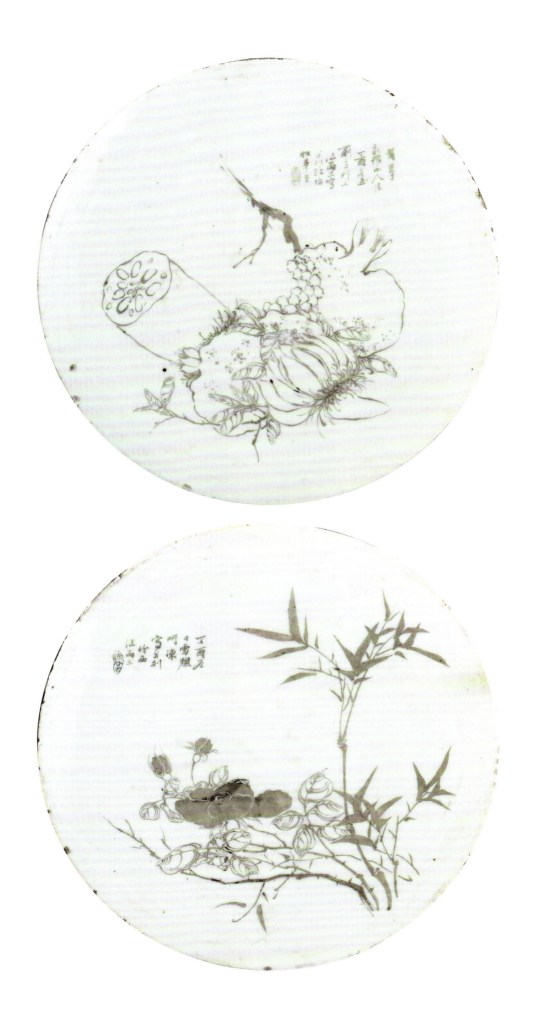

03

印 章

金 石 雅 韵

1 李经迈望云草堂旧藏汉印（五方）

汉（公元前206年-公元220年）

1. "骑部曲将"白文方印：长2.3厘米　宽2.4厘米　通高2.1厘米
2. "别部司马"白文方印：长2.3厘米　宽2.3厘米　通高2厘米
3. "蛮夷邑长"白文方印：长2.2厘米　宽2.2厘米　通高1.7厘米
4. "军假司马"白文方印：长2.3厘米　宽2.3厘米　通高2.2厘米
5. "诏假司马"白文方印：长2.4厘米　宽2.4厘米　通高2.6厘米

　　此套印为合肥李经迈望云草堂旧藏之物，全套五方，以锦盒落嵌盛装，盒盖背面粘贴"合肥李氏望云草堂珍藏"朱文印。此套印皆为汉制官印，形制古朴规整。

　　其一为"骑部曲将"印。铜质，鼻钮，方形，印文为汉篆体白文"骑部曲将"四字，字体方正平直，布局谨严。

　　其二为"别部司马"印。铜质，鼻钮，方形，印文为汉篆体白文"别部司马"四字，形制规整，章法妥帖。

　　其三为"蛮夷邑长"印。铜质，方形，兽钮，印文为汉篆体白文"蛮夷邑长"四字，刻字清晰，线条流畅。

　　其四为"军假司马"印。铜质，方形，鼻钮，印文为汉篆体白文"军假司马"四字，排布均匀，线条细劲挺拔.

　　其五为"诏假司马"印。铜质，方形，鼻钮，印文为汉篆体白文"诏假司马"四字，笔画方直，章法妥帖，线条流畅生动。

　　李经迈（1877年-1938年），字季皋，一字季高，号又苏，别号澄园，安徽合肥人，李鸿章幼子，室名望云草堂。光绪二十三年授工部员外郎，三十一年充出使奥地利大臣，归国后历任江苏、河南、浙江按察使。宣统二年随贝勒载涛出洋考察军事，三年署民政部右侍郎，辛亥革命后移居上海。雅好收藏，古籍之外，书画碑帖、田黄骨扇，均颇宏富。其藏章有"李经迈印"白文方印、"季皋"朱文印、"澄园"白文方印、"合肥李氏珍藏书画印记"朱文方印、"望云草堂"白文方印、"合肥李氏望云草堂珍藏"朱文方印等。

（薛正伟）

2　白玉雕龙钮刻字方章

明（1368年-1644年）
纵2.7厘米　横2.7厘米　高4.1厘米

　　白玉质，镂空雕龙钮，方形。镌刻朱文篆书"郭振明卫民氏"六字。竖行三排排列，布局工整，章法端庄大方，线条流畅生动。郭振明，明晚期顺天人，父郭维城，封博平侯，妹为泰昌孝元皇后，父卒后袭博平侯。

（薛正伟）

3　象牙瑞兽钮印

清（1644年–1911年）

高4.5厘米　长5厘米　宽4厘米

　　象牙质，细腻致密，包浆古雅润泽。印身椭圆形，印钮为立体圆雕卧兽，身形浑圆，圆眼凸起，阔鼻，张嘴露齿，神态威猛，四足伏于身下，尾巴卷曲置于身前。瑞兽整体写实，五官毛发等细部处理一丝不苟，栩栩如生。印文为篆文朱体"君子和而不同"。整体雕工精湛，兽钮造型圆润古朴，刀法爽快利落，印文寓意深刻。

（钱　奕）

4 陈鸿寿刻狮钮寿山刻字方章

清（1644年–1911年）

高7.2厘米 纵 2.5厘米 横2.5厘米

寿山石质，石质细腻，色黄，狮钮，方形，印面镌刻朱文篆体"金石同古"四字。用刀大胆，自然随意，锋棱显露，古拙恣肆。边款镌刻："曼生仿赵松雪似非老道兄。"另面镌刻："洞庭钮氏文房珍玩"。陈鸿寿（1768年–1822年），钱塘（今浙江杭州）人，号曼生、曼龚、曼公、恭寿等，任赣榆代知县、溧阳知县、江南海防同知等。工书擅画，尤擅篆刻，西泠八家之一。有《种榆仙馆摹印》《种榆仙馆印谱》行世，并著有《种榆仙馆诗集》《桑连理馆集》。

洞庭钮氏为钮树玉，钮树玉（？–1827年）字蓝田，号匪石山人，清江苏吴县人。家洞庭东山，不为科举之业。精通考据学，以音韵训诂为治经入门，精研文字、声音、训诂。曾入溧阳知县陈鸿寿、上海道台龚丽正、布政使梁章巨幕中。著有《说文解字校录》《匪石山人诗》《匪石日记钞》《匪石先生文集》等。

（薛正伟）

5 黄易刻青田方章

清（1644年-1911年）

高3.5厘米　纵3厘米　横3厘米

　　青田石质，方形柱状，无钮。边款阴刻隶书："古之刻法离群舒卷，浑同岭上。看到六朝唐宋妙，何曾墨守汉家文。论印文之诗也。小松黄易作。"印面为正方形，刻十四字朱文篆书"我为乾坤留正气谁从书画博虚名"。黄易（1744年-1802年），字大易、大业，号小松，又号秋盦、秋影庵主等，浙江仁和（今杭州）人。为西泠八家之一。工书擅画，尤擅篆刻。篆刻承家学，后得丁敬亲授。风格工稳生动，灵秀劲健。有"蒋仁尚拙，黄易尚巧"之说。曾官济宁同知。著有《小蓬莱阁金石文字》《秋影庵主印谱》。

（薛正伟）

6　何昆玉刻青田石对章

清（1644年–1911年）

高11厘米　宽5.5厘米

印章材质为青田石，质地温润，色如熟栗，无印面。四面皆刻边款。其文如下："予自□龄入塾，即喜摹印。十三岁受业南海潘先生，萱坪先生摹印最精品石，制钮尤擅长。相从三载，深得制印之法。十七岁见赏林殿，撰苕南为其双钩宋拓华山碑，是为谈金石之始。十八岁受学山阴余先生曼盦，先生善书画，精浙派，授以丁黄陈蒋之学，得小心落墨，大胆奏刀之法。十九岁见赏番禺孟先生蒲生，劝学汉印，承授刀诀，得悬腕中锋之法。二十岁为冯铁华姻家作一印，见赏陈兰甫，师承授说文小学，并得闲未学刻，先学写。勿用俗体，不入奴书，用刀如用笔，能篆能隶能刻，斯为印学传灯之说已巳癸酉乃游齐鲁，访秦碑泰岱琅琊台，至关里时长笏方伯，官兖沂曹济道，督修夫子庙。邮致衍圣公，敬观府库中历代法物书籍及金石碑版，诸秘藏币月余之久，诚厚幸也。山左汉碑甲于天下，是时所得善本及新出土未经著录者，逐字考校翻本误，厚本阅者皆记之，名曰读碑记。于是三代古尊鼎及秦汉篆隶之法为刻印，以六朝古刻及欧虞褚薛行楷之法为刻款识。如是五十余年，穷思所学，远愧古人。近渐来哲弃之，殊觉可惜。辛卯岁行六十三矣，薄游江淮，舟车之下从事于斯，又复五年，仿古三十体，仿汉三十六体官私印，款识百体，急就章，元朱文诸体咸备，共得六百四十事，以地支记之，编为十二卷，取吾子行卅五举之义，名曰百举斋印谱。何昆玉记。"

何昆玉诸印谱，有以印章边款的形式作序和目录，然后拓印在卷首的习惯。此对印章所记为何昆玉的自述生平，并刻制在印章边款之上。

何昆玉（1828年–1896年），广东高要人，字伯瑜。清代篆刻家，篆刻师法秦汉，旁及浙派，所作谨严浑厚，时出新意。尤擅模拓彝器，尝客山东潍县陈介祺家，得见陈氏所藏古物，赏奇析疑，见闻日广，鉴别遂精。辑有《吉金斋古铜印谱》六卷。斋堂为百举斋、吉吉金斋、乐石斋。性嗜古，喜收藏古铜印。曾客著名收藏家陈介祺家，赏奇析疑，见闻日广，遂精鉴别。精通医术。善墨拓彝器，与吴中李锦鸿并称。工刻印，宗法汉人，旁参宋、元朱文，用刀洁净，得力于汉铸印，布局庄重严实，不作破损之态，有娟秀之韵。

（陶　冶）

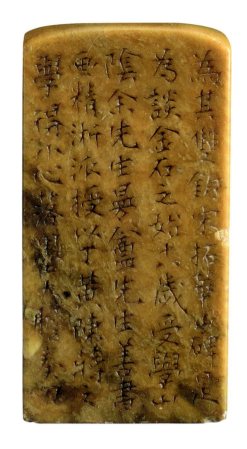

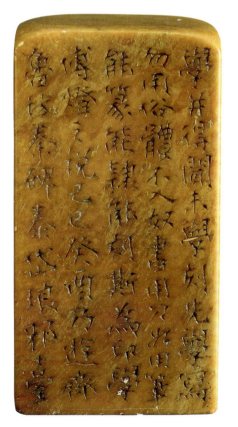

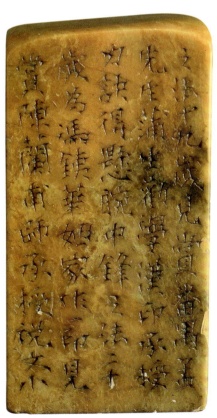

為其雙鈎穿拓華山碑是
為談金石之始十歲受學山
陰余先生曼龕先生善書
亞精浙派授以丁黃陳蔣之
學得小心落墨大膽奏刀

子自幼嗜入範即喜摹印十
三歲受業南海潘先生芝坪
先生摹印最精品石製鈕先
壇長相從三載深得治印之
法十七歲見賞林啟歟櫻荎南

學并得聞未學寫刻先學寫
勿囿俗體不入奴書用刀如用筆
能篆能隸能刻斯為印學
傳燈之說己巳癸酉乃遊燕
魯於秦碑岱琅邪臺

之法十九歲見賞番禺孟
先生蒲生勸學漢印承授
列訣得懸腕中鋒之法二十
歲為馮鏘華姻家作一印見
賞陳蘭南師承授說文

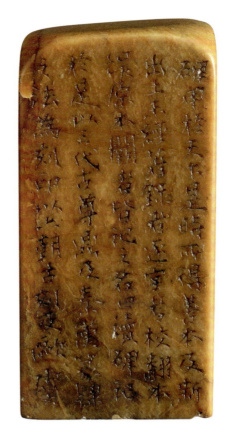

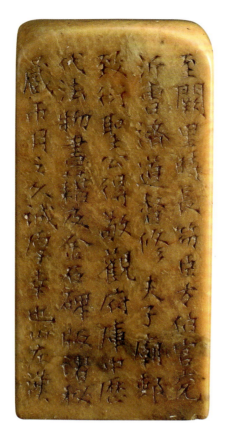

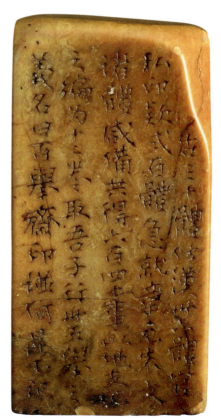

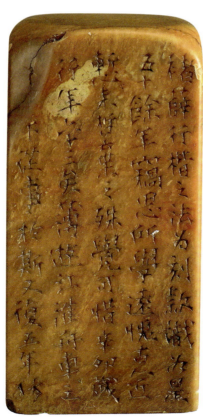

碑甲於天下是時而得善本及新
出土未經著錄者逐字考校翻本
誤原本闕者皆記之名曰讀碑記
栓是以三代古尊彝及秦漢篆隸
之法為刻印以朝古刻及歐虞

至闕里時長箭臣方伯官充
沂書瀞道督修　夫子廟郵
致術聖公得敬觀府庫中應
代法物書籍及金石碑版諸秘
葳市貝之久誠厚幸也出左漢

古三十體佚漢世其體官
諸體咸備急就章元宋文
私印欵武百體共得凡百四十事以地支起
之編為十二卷取吾子行卅五舉之
義名曰百舉齋印譜何惡玉記

褚薛行楷之法為刻款識為晝
五十餘年竊思所學達愧古迄
懇未哲章之殊覺可惜辛卯葳
行年六十三矣薄遊江淮舟車之
下從事於斯之復五年矣

7 康伯刻狮钮方章

清（1644年–1911年）

高5.2厘米　纵2.5厘米　横2.5厘米

　　寿山冻石，石质细腻糯润，狮钮，雕刻生动形象。边款阴刻："□文冲刀法。少吕表叔祖大人属仿即请教正，壬寅夏日康伯晋并识。"印面呈方形，镌刻四字白文篆书"少吕六书"，布局平稳端正，刀法凝练稳重。

（薛正伟）

8 铜狩钮刻字方章

清（1644年–1911年）

高3.7厘米　纵2.6厘米　横2.6厘米

　　铜质，印钮铸一兽，盘坐，双脚撑地兽首回望直视，双目突出，造型古朴逼真，雕刻生动形象。印面呈方形，宽边，刻十四字篆书"何时最是思君处月入斜窗晓寺钟"。布局工整细致，疏密有致。语出元稹《鄂州寓馆严涧宅》，表现的是岁月空度，怀才不遇的心情。

（薛正伟）

9 狮钮刻字寿山石方章

清（1644年–1911年）

高5厘米　纵2.2厘米　横2.2厘米

　　寿山石质，狮钮，雕刻圆润精细，形态生动形象，印面呈方形，镌刻白文篆书"闭户焚香消遣世虑明窗净几晤对古人"十六字，采用四竖排布局，每排四字，字体大小穿插呼应，章法疏密虚实相宜，富于节奏韵律感。

（薛正伟）

10　象牙雕狩钮联珠印

清（1644年–1911年）

高4.8厘米　宽2.3厘米　厚1.3厘米

此印呈扁方型，上端圆雕瑞兽为钮，正反二面皆深雕山水人物纹饰，侧面皆刻有题识。正面刻一老者荷锄牧牛于田野，右边款题识："伊耕莘野，莘田先生属，芝山作。"背面刻溪边凉亭，嘉禾累累，一派秋日丰收的景象，左边款题识："稼穑惟宝，甲寅夏午，阆斋篆。"印面为联珠印，上圆下方，暗喻天圆地方。上面圆形为画押图案印，下面为篆书白文：赵氏稼宝。此印精绝之处在于所刻画画面都对应边款和印文。其中"伊耕莘野"对应的是莘田先生，即吴莘田，名伊耕，字莘田。"稼穑惟宝"对应印面"赵氏稼宝"。本件作品是本邑晚清时期雕刻名家杨芝山所作。

梁清，字来楚，云诏，号阆斋，长洲人。

吴莘田，名伊耕，字莘田。受学于乌镇名医沈馨斋。

（吴维钊）

11 濮森刻寿山石方章

1852年

纵3厘米　横3厘米　高7.7厘米

　　寿山石质，色黄，四面浅浮雕刻松壑幽寺图，构图巧妙，雕刻细致。边款刻：壬子五月五日濮森篆。印面为正方形，刻篆书"丹叔一号韬谷"。该印作于咸丰二年（1852年）。濮森，字又栩，号梅龛主人，钱塘（今浙江杭州）人。工刻印，专宗浙派，秀逸有致，不轻为人作。

（薛正伟）

12　铜龙龟钮雷霆都司之印

清 咸丰（1851年–1861年）

高7.3厘米　纵8厘米　横 8厘米

　　铜质，印钮铸一龙龟，龙龟为龙首鳌身龙尾，身有龙鳞，体下三足，龙首作回首望月之状。印面呈正方形，宽边，印文为朱文，镌刻"雷霆都司之印"六字。印边四面分别镌刻篆书：雷霆号令。咸丰游蒙单阏壮月，掌判五雷章韫明制，授嗣法弟子王元珍。雷霆都司之印据道书云"此印专为申奏而设，乃天门、雷门识认之私，其印文方圆各有法则，印文乃雷霆都司之印……凡召雷部将吏及邵阳雷公，皆以此印符牒，谓之暗号，大有报应。"此印作于咸丰乙卯年八月。

　　龙龟头尾似龙，身似陆龟，全身金色，一直生活在海中，所以在古代又被称为金鳌。据说其背负河图洛书，揭显天地之数，上通天文，下知地理，中和人世，龟背、龟尾有制煞解厄之效，龙头有赐福之意，一直备受古代帝王和权贵的推崇。

（薛正伟）

13 铜高桥巡检司官印

清 同治（1862年–1874年）
高10厘米　纵6厘米　横6厘米

　　铜质，长柄印钮，印面呈正方形，宽边，印文为朱文兼镌满汉两种文字，三种书体。左为满文篆体，中为满文，右为汉文篆书"高桥巡检司印"。印钮右镌两行汉文楷书高桥巡检司印礼部造。钮左镌满文两行释文。右侧边镌汉文楷书"同字三百九十三号"，左侧镌"同治四年五月□日"。此印为清政府授予高桥巡检司的官印，对研究无锡地方史具有重要的历史价值。

　　高桥巡检司位于无锡西北，系内河连接长江的重要关卡。始设于宋代，明清两代皆有设立，至辛亥革命以后逐渐裁撤。

（薛正伟）

14　武钟临刻寿山石方章

民国（1912年－1949年）

高5.7厘米　纵2.5厘米　横2.5厘米

　　寿山冻石，石质晶莹细腻，方形柱状，顶部浮雕一正面龙纹图案，边款为阴刻"剑吟先生刻，况闇武钟临"双排楷书款。印面方正，刻四字白文篆书"剑唅长寿"，布局工整平稳，刀法苍劲有力。

　　武钟临（1889年－1949年），字如谷，号况闇，别号萃庵、天况、况堂、况道人等，浙江萧山人。曾保子，西泠印社早期会员。通法律，历任鄞、永嘉、上海等处法院推事。工书擅篆刻，出入浙派，后溯宗秦汉、魏晋六朝之法。印面工稳儒雅，得清新含蓄之美，款字一丝不苟，点画法龙泓，章法效秋堂。因服膺丁龙泓，因名所居曰拜丁馆。

（薛正伟）

15　象牙刻瓦钮印章

1912年

高3.5厘米　宽2.9厘米

　　此印正方形，瓦钮。钮顶面阳刻螭龙纹饰。印面为朱文：双宋研斋。四面皆有题刻：石友得雍熙碑研，又得咸淳苏翠像研。均稀有之品，喜而刻此印并题。一绝云：渑河眉子珍双璧，奇士佳人共一堂。急就章成风雪夜，浮云难掩玉虹光。奇士盖谓缩摹碑字之乙未居士，佳人苏翠也。壬子冬昌硕篆，冲友记，古泥刻。此印由吴昌硕篆写，萧蜕友题识，赵古泥操刀携刻。赵古泥的朱文印，由吴昌硕上探封泥，并加以变化，把印边作为调节篆刻章法、丰富印面虚实的重要手段，这些对赵古泥产生了深刻的影响。赵古泥的一些疏密平均的朱文印，学习吴昌硕的痕迹非常明显。不但技法受到吴昌硕的影响，而且风格都亦步亦趋。毫无疑问，吴昌硕印风是赵古泥取法的源泉。而赵古泥在此之上自出机杼，巧做变化，终在吴昌硕之外自立门户。

（吴维钊）

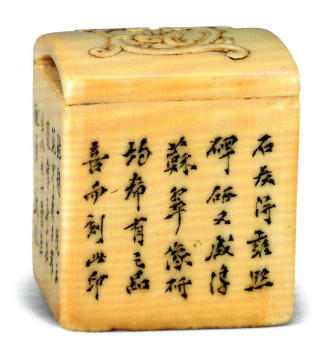

16　陈紫光象牙微雕章

1940年作

纵1.5厘米　横1.5厘米　高7.9厘米

象牙材质，正面雕刻渊明爱菊图，落款："三径就荒，松菊犹（存）。携幼入室，有酒盈樽。时在庚辰秋月紫光题。"背面微刻"画锦堂记"，落陈紫光刻款。另面刻边款：戊子秋，刘友石。

陈紫光，清宫造办处平雕艺人。十五岁时即在清朝工商部工艺局学习刻瓷。后改名陈智光。为北京著名瓷刻家，1944年到上海带徒传艺，历时十年，将瓷刻技艺传入上海。

刘友石，1929年生，常州武进人。上海铁笔金石书画院高级篆刻师，海上兰陵刘派的一代宗师，被誉为"中国印坛第一人"。

（邵　燕）

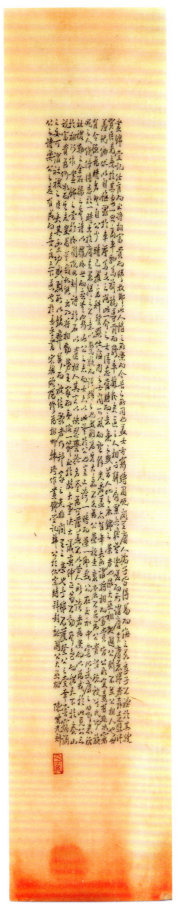

04

玉 器

璧 光 盈 袖

1　白玉龟游莲叶饰件

辽金（1115年–1234年）

长8.3厘米　宽6.4厘米　厚0.8厘米

　　白玉质，温润细腻，长方形，以浮雕、透雕等技法琢出荷叶、茨菇及水草纹，单阴刻线示叶脉，纹理清晰，荷叶中心圆雕一只游行龟，以双阴刻线琢出六角形甲纹，荷叶下圆雕鸳鸯一对。饰件背面仅以粗犷的刀工雕刻出枝梗。

　　古代将这种纹饰称之为"龟游"，寓祥瑞之意。南朝的《宋书·符瑞志》中记载：《宋书·符瑞志》："灵龟者，神龟也。王者德泽甚清，渔猎山川从时则出，五色鲜明，三百岁游于蕖叶（荷叶）之上，三千岁常游于卷耳之上。"是长寿祥瑞之兆，以此来歌颂皇帝"德泽湛清"。宋元时期，"龟游莲叶"的意象广泛流行。此件在传统龟游之下，添置了一对鸳鸯，较为罕见。

（陶　冶）

2 白玉沁色挂蝉

宋（960年—1279年）

长6厘米　宽3.5厘米　厚2.5厘米

　　玉质莹润，局部带深褐沁色。呈杏仁形，双目螺蛳状外鼓，双翅紧拢，头宽尾尖，由上至下穿有通天孔。通身以剔地阳文手法雕出蝉身纹饰，线条刚柔相济，刀法精准，古朴传神，立体感强。《史记屈原传》曰："蝉，蜕于浊秽，以浮游尘埃之外，不获世之污垢。"足见古人对蝉的推崇。

（陶　冶）

3 旧玉雕瑞兽佩

宋（960年–1279年）
高5.6厘米　宽3.4厘米　厚1.3厘米

　　瑞兽白玉雕琢，质地莹润，背面布棕黄沁色，古朴沉厚。整器采用圆雕手法，瑞兽昂首挺胸，独角后附，双耳后抿立于祥云之上。细观其突目远眺，方口微张，胁生双翼与足下云朵相应和，神隽飘逸，颇具唐宋风韵。

（沈贤萍）

4 白玉春水带饰

元（1271年－1368年）

长7厘米　宽4.2厘米　厚1.5厘米

　　白玉质，长方形，玉质洁白光润，略带黄褐沁色。带饰单面，背面光涩。运用透雕技法，四周以连珠纹装饰，中间镂空水草，草叶繁茂，一只天鹅低首惊恐隐匿其间，海东青展翅盘旋于上，伺机扑捕。带饰设计反映了游牧民族特色，主题突出，雕工简洁豪放，神态刻画逼真传神。

（蔡华杰）

5 白玉雕螭龙佩

明（1368年–1644年）

长5厘米　宽3.5厘米　厚1厘米

　　白玉质，呈椭圆形片状，边缘圆润，玉色莹亮洁白，玉质温润，研磨抛光细腻。牌双面均以浅浮雕手法琢制翻飞的螭龙纹饰。一面牌首雕螭龙低头俯视，腹下穿有一孔以便挂系。中部椭圆形开光减地阳文刻篆书"瑶草"二字，下方雕一螭龙挺颈仰视，另一面顺势雕螭龙的背面及尾部，尾部分叉卷曲，底部琢一小螭曲身欲上。整器雕琢精巧，注重神态，刻划圆润流畅。

　　马士英（约1591年–1646年），字瑶草，贵州贵阳人，明万历己未（1619年）进士，甲申之变后，与南京兵部尚书史可法、南京户部尚书高弘图等拥立福王朱由崧为帝，是为弘光帝。因"拥兵迎福王于江上"有功，升任东阁大学士兼兵部尚书，都察院右副都御史，成为南明弘光政权首辅，人称"马阁老"。

（陶　冶）

6 白玉发簪

明（1368年-1644年）

长12.5厘米　宽2厘米　厚0.6厘米

　　玉簪为束发之物，此簪白玉雕成，玉质细腻温润，洁白无瑕，犹如凝脂。簪身为方锥形，簪首略扁，外撇出芽，芽冠呈半圆状，簪尖腰部略鼓。整体线条挺拔硬朗，簪首曲折圆润，通体光素无纹，简洁典雅，方圆有度。足见古人刚正质朴的审美情趣。

（陶　冶）

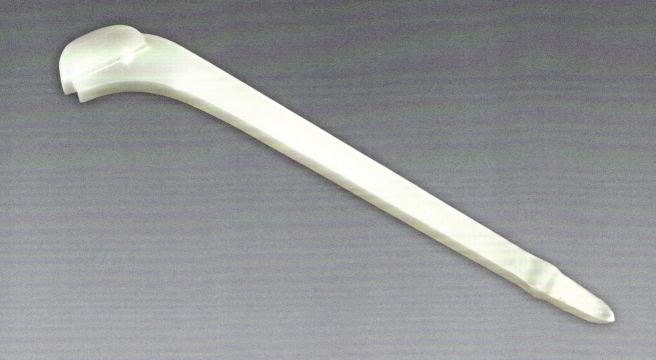

7 白玉雕麒麟镶碧玉带扣

明（1368年–1644年）
长7.8厘米　宽5.2厘米　厚2厘米

白玉长方形扣面，开光内上方两角出卷云纹，白云环绕，下部饰以海水江崖，波浪翻滚，麒麟龙首、牛身、狮尾，眉宇高突，凸显瑞兽之威武。卧姿回首，四蹄偃卧，身体饱满健硕，阴线鳞片排布整齐细密，分毫毕现，周身火焰缭绕，婉转飘逸，四周灵芝仙草丛生。

扣底以碧玉随形雕琢承托，搭扣巧雕兽首，刚猛雄浑。

（陶　冶）

8　白玉镂雕云鹤带板

明（1368年－1644年）

长5.1厘米　宽5.3厘米　厚0.6厘米

　　唐代开创玉器服饰玉带銙制度，用玉带銙的佩带形式来象征官位及其权力，是中国古代礼仪玉器的创新。玉带銙由带板、铊尾和带扣组成，始于唐高祖李渊时期。据《唐实录》："高祖始定腰带之制，自天子以至诸侯、王、公、卿、相，三品以上许用玉带。"唐代玉带銙制度的建立完全符合并突出显示封建帝王制度下的等级与权力观念。因此，具有旺盛的生命力，使其能在唐以后的宋、元、明、清历朝历代官仪中沿用。

　　白玉质，桃形带板。单面镂雕缠枝纹为底，一板雕仙鹤昂首展翅翱翔，一板雕仙鹤俯首环视徘徊，四周祥云环绕，如处天域仙境。

（陶　冶）

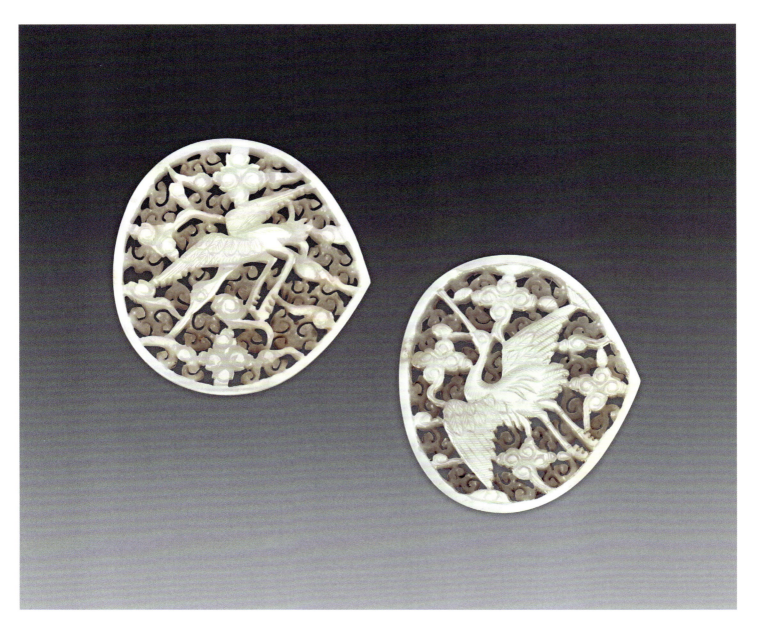

9 青玉雕诗文梅花方盒

明（1368年–1644年）
高4厘米 长6.3厘米

青玉材质，玉质滋润通透，局部略带棕黄沁色。方形，盖薄底厚，子母扣，外壁内斜，深腹内凹，下乘方圈足。盖顶沿边开光，开光内剔地阳文："酒清花绮雪交加，睡足春宵春梦赊。夜半微风打窗纸，不知是雪是梅花。枝山道人。"阴刻篆书印章："枝山。"盒底四面阴刻梅花纹，线条简洁明快。圈足内阴刻篆书印章："示宝。"此盒器形方正硬朗，雕工阴阳互应，纹饰诗画成趣，清雅高洁之气油然而生。

祝枝山，明代著名书法家，与唐寅、文徵明、徐祯卿并称"吴中四才子"。

（陶 冶）

10　白玉雕梅花纹方印盒

明（1368年–1644年）

高3.2厘米　长6.8厘米

　　白玉质，扁方形，盖面边角略圆。盒身下端微内敛，盖盒上下以子母扣连接，盒身内凹，底有方形矮圈足，盖面与四壁以剔地雕刻手法满刻梅花纹。造型方中见圆，纹饰密里带疏，尺度把握精准，独具匠心。

（陶　冶）

11 青玉雕竹节形壶

明（1368年–1644年）

高11厘米　宽14.5厘米　厚9厘米

　　青玉质，玉色灰青，质地光润半透。竹节筒形，深腹，平盖。壶身以减地阴刻技法雕刻而成，壶嘴竹形上翘与壶身相连，中有单孔贯通。壶体上下沿出竹形小枝作柄，平底琢三段竹节为足，整器以竹为题材，构思巧妙，结构错落有致，线条硬朗，突显挺拔之姿。

（陶　冶）

12　青玉雕溪桥策杖图饰件

明（1368年-1644年）
长5.2厘米　厚0.7厘米

　　方形玉饰，玉质细腻温润，两面均为减地浅浮雕技法。正面雕刻山水人物诗文图，深山结庐，屋前小桥流水，道旁古木遒劲，远山飞鸟，层峦叠嶂，老叟策杖而归；中景一叶扁舟，蓑翁满载而归。右上题行书"青山无路入，桥下□渔舟"，阴刻篆体："曰仁。"背面刻竹石蕙兰图，画面以翠竹、洞石、兰花为主体，层次分明，错落有致，整个画面构图疏密得当，意境清雅。此饰件通过雕刻的手法表现出书画的悠远意境。

　　徐爱（1487年-1517年）明代哲学家、官员，字曰仁，号横山，浙江省余姚马堰人，为王守仁最早的入室弟子之一。明朝正德三年（1508年），进士及第。曾任祁州知州，南京兵部员外郎，南京工部郎中等职。

（钱　奕）

13 青玉鹿衔灵芝摆件

明（1368年-1644年）
高5.2厘米　长5.5厘米　厚4.3厘米

　　青玉圆雕双鹿，回首相视，口衔灵芝，仙鹿丰颏长鼻，犄角伏帖颈项，脊背秀挺流畅，体态壮硕。所衔灵芝回曲起伏、圆润饱满，俨然仙界之物。鹿为瑞兽，出没于仙山之间，保护仙草灵芝，向人间布福增寿，送达安康，预兆祥瑞。整体设计精巧，匠心独运。

（钱　奕）

14　玉雕玉兰花杯

明（1368年-1644年）

高5.4厘米　长13.5厘米　宽10厘米

　　玉质润泽微黄。杯体作含苞半开玉兰花形，线条流畅饱满，内部掏膛匀净光素。外壁用圆雕、浮雕技法雕琢花枝，花叶茂盛，枝干婀娜，叶片硕大，中间微凹，双勾阴线为叶脉，表现出明代花卉雕刻风格。枝干交错缠绕杯体顺势为柄，相映成趣，浑然一体。玉杯整料雕琢，技艺精湛，合理取舍，花枝叶片写实刻画，翻卷轻巧，自然妙趣盎然。

（沈贤萍）

15 白玉雕观音饰件

明（1368年–1644年）
高5厘米　宽2.5厘米　厚1厘米

　　白玉圆雕，玉质温润，红沁深邃。观音立像，头顶莲花化佛宝冠，双手合抱于一侧，身着天衣，肩披帔帛，自然飘逸。刻工简练，线条粗犷，神态肃穆。
　　此佛像原为插扦，应配有金饰背光、帔帛及莲花座。

（孙政峰）

16　白玉桥形带扣

清（1644年–1911年）
长10.5厘米　宽2.8厘米　高1厘米

　　白玉质地，玉质精白，呈玻璃光泽。桥
形，光素无纹，四边平切，棱角分明。背有圆形
双扣，饰涡旋纹。器形简洁素雅，线条刚中带
柔，琢磨精致考究，光影照人。

（吴维钊）

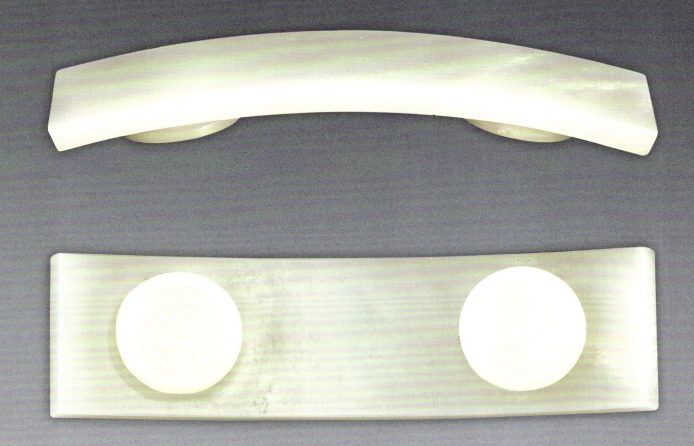

17 白玉雕螭龙纹剑璏

清（1644年-1911年）
长11.5厘米　宽3厘米　厚1.7厘米

　　白玉质地，洁白温润。长方形，两端出檐，下垂内卷。背有长方仓，穿孔较大。正面剔地浮雕螭龙纹，螭龙阔口宽鼻，凸目独角，身形修长逶迤，一小螭蒲伏于前，周围云气缭绕。剑璏又称剑鼻，《说文·玉部》："璏，剑鼻，玉也。"

（陶　冶）

18 碧玉嵌白玉椭圆形带扣

清（1644年–1911年）

长6.4厘米　宽5.2厘米　厚2厘米

　　白玉椭圆形平板，光素无纹，洁白润泽。扣底以碧玉随形雕嵌承托，留边减地深挖，双扣雕花芯螺旋纹。形制简洁素雅，双色调配协调，相得益彰。

（陶　冶）

19 白玉雕龙纹带钩

清（1644年—1911年）
长14厘米 宽3.4厘米 厚3厘米

　　以苍龙教子为题，造型饱满，雄浑大气。双龙神态俱佳，栩栩如生，传递出浓郁的殷切之情。带钩是古代用以连结革带两端以为约束的器物，还可结于腰间用以佩印、挂剑、悬镜或佩戴其他装饰物品。带钩在春秋时期开始出现，盛行于战国及汉代，《淮南子·说林训》记"满堂之坐，视钩各异"，可见使用之广泛。南北朝以后，由于带扣流行，带钩逐渐衰落。明清时仿古之风盛行，带钩便成为观赏、把玩之器。

（陶　冶）

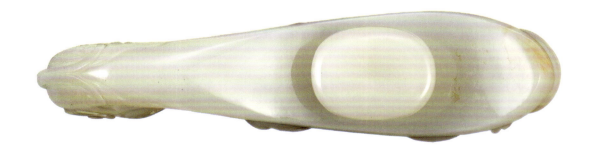

20　白玉雕风云际会纹牌

清（1644年-1911年）
长5.4厘米　宽3.2厘米　厚0.5厘米

　　白玉雕琢，长方形，玉质洁白温润。牌头两面均浅浮雕对称如意云头纹，云气环绕，中有穿孔，穿绳系带。牌面长方圆角，边沿起线勾边。一面挖地雕猛虎下山，竖尾左眈，威风凛凛，左下落减底阳文篆书"子冈"款。另一面铲底雕飞龙在天，祥云环绕，若隐若现，下方波浪翻滚，宝珠乍现。画面雕琢简洁明快，样式别致，线条准确达意。《易经·乾卦》曰："云从龙，风从虎，圣人作而万物睹。"此牌一龙一虎合与一器，寓意"风云际会"，足见志向高远。

（陶　冶）

21 白玉雕文鸳并宿牌

清（1644年-1911年）

长6.4厘米 宽4.2厘米 厚0.5厘米

　　白玉雕琢，通透滑润，细腻温厚，牌首尾镂雕祥云莲花图案，束腰凹处圆雕花苞。一面云绕弯月，一仙子持箫吹奏，前侧立一凤凰，羽翼丰满华丽，回首视仙子，一面雕荷塘鸳鸯，荷丛疏密有致，一对鸳鸯浮游其间，依偎互盼，颇有伉俪情深之寓意。其上剔地雕阳文"文鸳并宿"四字，文鸳既鸳鸯，因其羽毛华美，纹路鲜丽得名。明清时以"文鸳并宿"为题材，作玉牌相赠，有祝愿婚姻美满的吉祥寓意。

（沈贤萍）

22　白玉灵芝双獾

清（1644年-1911年）
长5厘米　宽4.5厘米　厚2.3厘米

　　白玉质，玉质细腻滋润，双獾作对视伏卧状。采用圆雕、透雕技法，镂雕灵芝环绕，枝叶齐身，獾相对而卧，脊背凸出，圆耳，两獾相视，舔犊情深。雕工精湛老辣，刻划惟妙惟肖。

（蔡华杰）

23 白玉猫蝶件

清（1644年-1911年）

长6厘米　宽4.5厘米　高3厘米

　　白玉质，略带黄褐色皮，玉质油润，洁白如脂。采用圆雕技法，前后镂出枝叶与蝴蝶。双猫侧卧，首尾交错，尖耳杏目，颈部倚叶，卷叶包裹幼猫，脉络清晰，猫爪扑蝶嬉戏。造型精准，形象生动。猫蝶谐音耄耋，寓意长寿。

（蔡华杰）

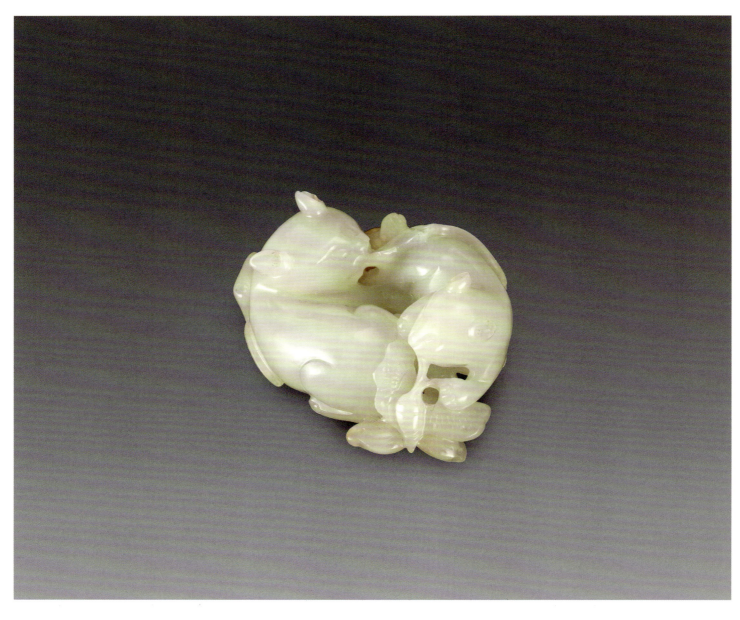

24 白玉雕三羊开泰挂件

清（1644年-1911年）

高3厘米　长5厘米　宽4厘米

　　白玉质，略带黄皮，回首贴背，背微弓，眼微凸，羊角弯曲贴耳，口吐祥云，云端现太极珠。三羊皆做卧伏状，一小羊昂首，依偎母羊腹前，一小羊蹲卧母羊身后。《宋史·乐志》："三阳交泰，日新惟良。"

（蔡华杰）

25 白玉雕荷叶龟游笔洗

清（1644年–1911年）

高2.5厘米　长7.5厘米　宽6.5厘米

笔洗玉料通透，晶莹温润。近似椭圆形，四周荷叶边向上翘起。叶面微坦，上圆雕一乌龟缓慢前行，以内单外双阴刻线尽数刻画茎脉，叶边顺势浮雕出数朵荷花、莲蓬，展现出静中有动，悠闲恬静的自然景象，表现了文人雅士的生活情趣。

（沈贤萍）

26 玉雕螭龙纹水盂

清（1644年–1911年）

高5.4 厘米　直径8.8厘米

　　直口，丰肩，鼓腹，肩部雕刻一圈如意纹，腹部减地阳雕螭龙纹，龙身转折，方正圆润，雕工精湛。整器玉色晶莹温润，局部带棕褐沁色，端庄古朴。

　　水盂，又名水盛、水丞等，为注水以供研墨之用。宋赵希鹄《洞天清录》有记载云："古人无水滴，晨起则磨墨，汁盈砚池，以供一日用，墨尽复磨，故有水盂。"由此可见水盂是文房用品中的重要器具。

（孙政峰）

27　旧玉雕荷叶水盂

清（1644年–1911年）
长10厘米　宽5.5厘米　高3.3厘米

水盂，莲荷型，由花苞与荷叶相连而成，随形精雕细琢成荷叶状，荷叶上卷为盂身，舒展翻卷，荷花依偎在旁。以内阴刻外阳雕将茎脉尽数刻画，脉纹线条清晰流畅。外壁雕荷花、荷茎数朵。整器造型舒逸雅致，肌理分明，荷叶曼妙多姿，玉色自然醇厚，实用性与观赏性结合，别具匠心，意境悠然。

（沈贤萍）

28 白玉兽耳衔环狮钮盖炉

清 乾隆（1736年－1795年）
高11.5厘米　宽9.5厘米　厚6厘米

　　白玉雕琢而成，分为炉盖和炉身两部分，盖顶雕狮钮，狮方头阔口，昂首仰望，盖上沿均匀分置三组兽首衔活环装饰。炉身圆口束颈，丰肩弧腹，腹部减地开光浮雕兽面纹。炉身两侧对称雕有兽首衔环耳，下承兽首吞足式三足。整器造型隽秀，雕工精湛，浑然天成。

（陶　冶）

29 山水纹环耳青玉宝月瓶

清 乾隆（1736年-1795年）

通高17厘米　腹径11厘米　最厚2.8厘米

　　国家二级文物，自无锡市文物商店征集。青玉质，分盖和身两部分，子母口。方盖向上渐收成斛状，圆钮；方口，夔龙耳，耳中套圆环，腹扁而圆，四方圈足。腹部圆内雕刻山水纹饰，一面月上树梢，碧波荡漾，一面山间明月，流水潺潺，线条圆润流畅，纹饰端庄精美。器身很好地将方的硬朗和圆的饱满融合起来，很好地将中国传统的方中育圆、圆中见方的智慧体现出来。

　　宝月瓶，也叫抱月瓶、福寿瓶、扁瓶、扁壶，是中国传统的器型。宝月瓶的器型源自宋元时期西夏的马挂瓶，左右双系，用以挂于马鞍之侧，明清时期发展为陈设用器，多见于景德镇窑烧造的瓷器，玉器较为少见。乾隆时期和田玉的开采规模达到鼎盛，像这类大件的玉雕，只有在乾隆之后才较多出现，其用料和工艺都是前代极少见的。

（杨启明）

30 马少宣内画双獾图水晶鼻烟壶

清 光绪（1875年−1908年）

高6.8厘米　宽3.5厘米　厚1.5厘米

　　2018年无锡市文物交流中心征集。水晶胎、椭方体壶身，配金属盖，盖上镶嵌翡翠。一面内壁绘双獾图，两只獾在草地上嬉戏打闹，上方提"双獾图"三字。作者以明暗的浅墨色调，严谨娴熟的笔法将双獾根根分明的毛发和嬉闹打斗的神态逼真得表现出来，让观者很难相信是用笔在壶内反画出来的。另一面以欧体楷书书写："于京师作。春宵一刻值千金，花有清香月有阴，歌管楼台声细细，秋千院落夜沉沉。壬寅仲夏，马少宣。"下有"少宣"白文印。

　　马少宣（1867年−1939年），原名光甲，与周乐园、叶仲三并称中国内画艺术三大巨匠。器作品题材广泛，山水、人物、花草、虫鱼、书法样样精通，尤以人物肖像、书法最具特长。这件鼻烟壶落款"壬寅仲夏"，作者艺术创作主要在光绪十九年（1893年）到民国十六年（1927年），此壶当画于1902年，是作者正值盛年的作品，虽在尺寸之间，但笔力苍劲，画风严谨，是晚清内画鼻烟壶中的精品。

（杨启明）

31 白玉雕瑞兽衔灵芝摆件

清（1644年–1911年）

长7.5厘米 宽5.7厘米 厚3厘米

　　白玉质地，局部黄褐沁色，随玉形而雕。瑞兽做回首俯卧状，圆眼阔鼻，双耳侧伏，方口微张，衔一束灵芝草，身躯浑圆健硕，脊背微鼓挺拔。四肢弯曲俯地，长尾卷曲搭于颚下，毛发细密若游丝。整器用圆雕技法，刻画瑞兽闲舒姿态，设计精巧，雕刻传神，寓意吉祥。

（陶　冶）

32 白玉留皮灵芝佩

清 乾隆（1736年–1795年）

长6.3厘米 宽3.8厘米 高4.9厘米

　　玉质温润洁白，半透晶莹，局部留金黄皮色，整体随料呈椭圆形，采用圆雕技法雕琢十二灵芝，灵芝下侧一只蝙蝠贴伏其上。玉佩设计巧妙，雕琢精细，线条饱满圆润，层次分明清晰。寓意福寿吉祥、月月如意。

（孙政峰）

33 碧玉松竹梅双管花插

清（1644年–1911年）

高13.9厘米   宽7.3厘米   厚2.8厘米

　　碧玉质，双管自然随形。一作扁圆竹筒形，竹枝镂雕于管身；另一作松杆状，双管之间以松枝相连，松枝背面雕有梅花枝。花插玉料厚重，质地碧绿微透，雕工简练遒劲，松竹梅三物融于一体，突显气节之高雅。

（沈贤萍）

34 翡翠扳指

清（1644年–1911年）
高2.5厘米　直径3.1厘米

　　翡翠质地，通体翠绿，莹润通透。圆筒形制，光素无纹，简洁明快，丰韵美观。琢磨精工细致，更显绿意透润。扳指古时称韘。《说文》："韘，射决也。所以拘弦。以象骨。韦系，著右巨指。"清代扳指盛行，亦由实用器逐渐演变为纯粹的装饰之物。上至皇帝下及群臣，均爱佩戴此物，以示不忘武功。此扳指循"良玉不雕"之则，全以翡翠本身天然呈色取胜，可谓"家有黄金万两，不如凝翠一方"。

（陶　冶）

35 玉雕灵芝蝙蝠纹如意

清（1644年–1911年）
长34厘米　宽8厘米　厚4厘米

如意由整块玉料雕琢而成，玉质通身微黄。灵芝形首，其上镂雕一螭龙，目视前方宝珠。柄中部隆起，镂雕盘长，盘长两端各衔蝙蝠和双鱼。柄身上下灵芝缠绕，末端雕一蝙蝠收尾。整体构思巧妙，琢工圆润，题材吉祥生动，充满情趣。

（沈贤萍）

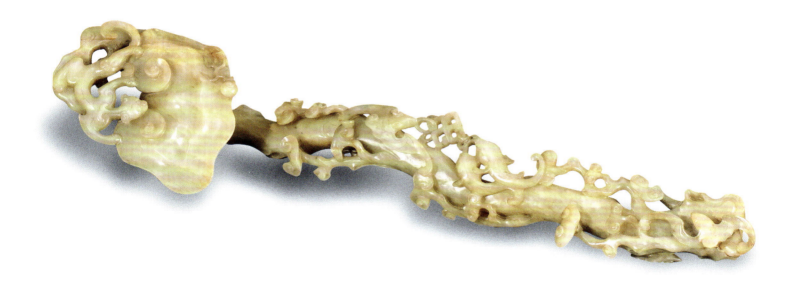

36 红木镶玉臂搁

清（1644年-1911年）
长15.6厘米　宽5.8厘米　高3.2厘米

　　1986年无锡市文物商店征集。国家三级文物。臂搁是古代文人书斋雅件，既实用，又可充玩好，所以造型、用料也多奇巧。此臂搁以玉杯残件镶嵌于红木之上，古雅有致，极有巧思，非一般竹木臂搁可比拟。

（张　帆）

37 孔雀石摆件

清（1644年-1911年）
高5.5厘米　长10.7厘米　宽3厘米

　　无锡市文物商店征集。国家三级文物。也可称为小型山子，是古代文人书斋用物，多取灵璧、英石，此以孔雀石子再配以红木架座者较为少见，有自然天成之美。

（张　帆）

38　翡翠雕花鸟插屏

民国

长24.8厘米　宽17厘米　厚0.6厘米

　　翡翠质，长方形，双面雕刻，下配红木插座。正面雕刻左凤右凰，栖于梧桐树下，周围牡丹花盛开，芭蕉叶、兰草满布，遥相呼应，寓意良禽择木而栖。背面雕刻鹌鹑一对，或落于菊上，或空中翱翔，旁刻兰草、奇石，有安居乐业之意。插座透雕双龙及宝相花双层纹饰。整板刻工浑厚有力，工艺精湛。

　　梧桐为树中之王，相传是灵树，能知时知令。《闻见录》："梧桐百鸟不敢栖，止避凤凰也。"《魏书·王肃传》"凤凰非梧桐不栖"，凤凰择木而栖，后比喻贤才择主而侍。

（陶　冶）

05

竹木
牙角

方 物 心 鉴

1 象牙雕人物笔筒

明（1368年–1644年）

高14.5厘米　直径10厘米

　　笔筒圆形，象牙质地，外壁雕人物花卉纹。用圆形的筒身铺排情节，以山松为界，步步设景，每一转侧均为不同的画面，其间又有内在联系，十分巧妙。一组为高士斜倚松下，树干遒劲挺拔。玲珑湖石前立一童子，肩荷药锄，药篓内露一灵芝，文人意趣跃然筒身。另一组为芭蕉叶片舒展，蝴蝶翻飞，生趣盎然。笔筒包浆黄润，清丽典雅，采用浮雕技法，构图规整，刀法精细，线条婉转流畅。

（钱　奕）

2　象牙雕卧童

明（1368年-1644年）

高2厘米　长4厘米　宽3厘米

以象牙为材，圆雕一俯卧状童子。圆脑，胖身。细眼，阔鼻，嘴角上扬，寥寥数刀把一个童子顽皮可爱的形象雕琢得栩栩如生，特别是那憨态可掬的笑容传神之至。双臂呈拢袖状，臂肘间留孔可作穿挂。双腿距地，肥臀上翘，体现孩童顽皮的动感。皮壳如熟栗，包浆浑厚，是一件不可多得的把玩之物。

（吴维钊）

3 剔地莲花牡丹纹紫檀笔筒

明（1368年-1644年）

直径13.2厘米 高15厘米

1986年无锡市文物商店征集。国家三级文物。器身饰牡丹、莲花、菊花和梅花为代表的四季花卉纹饰，花卉下有山有水，有水禽和水鸟。笔筒以漆雕工艺手法施之于珍贵的紫檀木料上，同为文房雅玩，较之竹刻笔筒，则一具豪华繁缛之美，一具清旷野逸之趣。

（张　帆）

4 竹雕佛手杯

明（1368年－1644年）

高9.5厘米　长15厘米　直径12厘米

　　杯取连节之竹，简身为杯，竹节为底。口沿外撇，自上而下斜收成马蹄形。采用镂雕技法，端部至杯底雕古木树桩，曲折盘延，虬曲苍劲，叶片宽大舒展，气势雄伟。整体布局有致，刀工老辣，造型古朴，包浆浓厚，色泽深沉内敛。

（钱　奕）

5 镂雕花卉纹荷叶形犀角杯

明（1368年-1644年）

长14.8厘米　宽10.8厘米　高9.8厘米

　　1986年从无锡市文物商店征集。国家二级文物。此杯以药用价值高的亚洲犀角制成，俯视而观，杯如收拢的荷叶，叶缘向内外侧交错翻卷。侧视杯外壁四周，根据犀角之形以高浮雕、阴刻雕刻出牡丹、菊花和梅花，与杯身的荷叶状巧妙的组成四季花卉纹饰。杯底以虬枝盘成圈，形成镂空底，虬枝延伸至杯口连接，形成柄。虬枝巧妙连接三种花卉，底与牡丹相连，柄处菊花盛开，柄上枝干逸出梅枝，延伸在杯壁之上，一派生机勃勃，生意盎然之景。此杯雕刻巧妙，线条流畅，纹饰精美，非名家之手莫办。

（杨启明）

6 犀角雕梅桩杯

明（1368年-1644年）
高9厘米 长16厘米 宽10厘米

　　杯呈马蹄形，器型硕大。内外口沿饰一周阴刻回纹，其下为浮雕梅花纹饰，疏影横斜，错落有致。配镂雕梅桩式双股錾，枝干旁逸斜出，结构颇为繁复，梅花、花蕾、瘤节等俱全，写实效果鲜明，口沿有梅桩过枝装饰，点缀几朵含苞待放的花蕾。犀角之所以珍贵，古人有把犀牛形象作为崇拜物的习俗，认为犀牛可以辟邪、镇凶、保平安。犀角本身就是一种名贵的药材，根据明代曹明仲《格古要论》论述："犀角有肥瘦之分，有黄、有黑，有淡如碧玉，黑中有黄花、黄中有黑花，凡器皿要滋润，粟纹绽花者好，其色黑如漆、黄如肃，上下相连，云头雨脚分明者为佳。"

（吴维钊）

7　犀角雕梅桩杯

清早期
高8.4厘米　长13.7厘米　宽8.2厘米

　　杯以整支犀角雕成，保留原角形状镂雕而成，色泽深沉均美。选材精致优良，角质坚实细腻，色呈深琥珀，沉郁浑朴，杯身敞口外撇，略呈椭圆形，腹身内敛，平底，造型小巧却又平稳端庄。此杯口沿向外翻展，内膛紧收，古朴文雅。外壁通体以梅花、梅枝和花苞作饰，外壁主要以浮雕兼透雕法镌制，透雕梅枝，浮雕作花朵和花苞，盛开花朵的老梅和伫立枝头的彩蝶，动静相宜，相得益彰。整器纹饰布局疏朗不繁，各就其位，刀法老到、拙朴。

（吴维钊）

8　犀角荷叶形杯

清（1644年–1911年）
高3.5厘米　长9.5厘米　宽7厘米

　　犀角为材，杯体作荷叶形，杯座质地为紫檀。造型别致，线条流畅饱满，杯中刻画叶脉精致传神。外壁运用圆雕、透雕、浅浮雕等多种技法，其杆枝交错，缠绕杯身，聚集于杯底，即可为执柄，亦于杯相映成趣。杯的注口巧作为荷叶之尖，可谓浑然一体，妙趣盎然。整体雕工精湛，造型设计感强，构图有条不紊，枝干、花叶之纹饰均写实刻画，叶片翻卷轻巧自然，盘延转折的力度亦佳。

（钱　奕）

9 沉香雕人物杯

清（1644年−1911年）

高10.5厘米　宽10厘米

　　此杯以沉香木制成，内壁掏空，呈圆形敞口状。外壁通景浮雕竹林七贤图，奇松异石，虬枝曲干，深山竹林之间，开怀畅饮、放歌长啸、谈玄论道，展现了古代文人雅士淡泊名利的隐士生活，观之令人飘然忘我，淡泊宁静。杯雕工犀利，人物落刀精准，神态生动。沉香自古以来被列为众香之首，沉香木多见雕刻花卉山石，人物题材罕见。整器刀法简练，造型古朴，构思巧妙，包浆匀净，留香持久。

（钱　奕）

10　沉香十八子手持

清（1644年-1911年）

直径1.5厘米　18粒

　　手持沉香材质，大小匀称，珠粒饱满，材质细腻润泽，油脂凝结浑厚，黑褐色油线丝丝分明，香味浓郁。隔珠与佛头均为珊瑚质地，珊瑚色泽淡雅如孩儿面。以碧玺双桃雕件作背云，翡翠雕如意花片作坠角。香珠之质朴与玉石之璀璨相映衬，华贵而不失素朴。原配锡质琴式盒。

（陶　冶）

11 象牙持扇仕女

清（1644年–1911年）
高22厘米　宽5.5厘米

象牙圆雕，头盘高髻，身穿宽袖清装，飘逸自然，下裙垂底，露出脚尖。左手持扇，右手握笔，用茜色技法将头发及袖边染成黑色和红色，足尖染成红色，头发开丝细密，宽额广颐，高鼻，细眼，开相饱满传神，表情端庄沉静，凝神若有所思。雕刻细腻，发饰、折扇、裙摆等局部处理一丝不苟，不仅把这位妙龄少女的表情、神态刻画得惟妙惟肖，栩栩如生，意趣盎然，而且人物内心活动细微神情也被表现得淋漓尽致，具有很高的艺术感染力。

（吴维钊）

12　象牙镂雕染色人物手镜

清（1644年－1911年）

长9.5厘米　宽5.6厘米　厚0.6厘米

　　玳瑁边框，正面镶镜面，背板镶象牙镂雕连钱纹地染色人物，人物刻画传神生动。玳瑁框两头铜刻蝙蝠挂钩，上刻"恒声"款，兼具实用与艺术观赏价值。

（孙政峰）

13 椰壳雕人物酒盅

清（1644年-1911年）

高5.6厘米 直径8.8厘米

　　椰壳材质，腹部一周以浅浮雕、浅刻等技法精雕人物故事图，构图饱满，雕工精细，色深如漆，光润淳厚，古朴典雅。内壁和底包银胎，包银既可加固又美观实用现档次。

（吴霄宏）

14　西园雅集核雕

清（1644年-1911年）
长径3.3厘米　短径3.1厘米

　　国家一级文物，自无锡市文物商店征集。核雕通体赭红润泽，上下有贯穿的圆孔，可供穿线佩挂。主题选取著名的北宋文人盛会"西园雅集"为题材，根据米芾《西园雅集图记》中所记的园林山水布局和人物形态，依照核外形起伏之势巧妙布局。核左右两侧的脊雕成树木花叶，形成两个半球画面，画面上雕刻山石松柏，在山石林木掩映之间，巧妙布局三组人物，分别表现西园雅集时作诗、观画、题石、吟诵、讲经、听琴等场景。通过阴刻、圆雕、镂雕、浮雕等技法在方寸之间刻画19人，并惟妙惟肖地表现了他们各自不同的人物活动，显示出作者非凡的艺术造诣。核雕山石上镌刻楷书铭文，上部刻"新槎四兄雅玩"，下部刻"芝山"名款，当为无锡核雕名家杨芝山送给星槎四兄而作。杨芝山（1821-1875），名学善，无锡人，工镌刻，善刻人物。此件西园雅集核雕，构思精巧，雕工精细，是晚清核雕工艺中的杰作。

（杨启明）

15 竹刻山水人物笔筒

清（1644年-1911年）
高8.4厘米　直径11.9厘米

　　笔筒口与底均镶红木，筒身采用减地浮雕方法，展画于竹。山峰连绵，苍松隽秀，白云环绕，仙鹤翱翔。山道松树旁一长髯飘拂的老者依松小歇，一小书童拱手立于身后，一书童翘首手指仙鹤。画面生动形象，浮雕技法娴熟，深浅错落有致，立体感强，人物、景象雕刻细致逼真。笔筒纹饰有松鹤延年、步步高升之意。明清竹雕笔筒常有镶红木者，取木色之美，亦可固牢筒身，兼具实用性与艺术性。

（陶　冶）

16 东山报捷图竹刻笔筒

清（1644年－1911年）

直径12.1厘米　高14.6厘米

　　国家三级文物，自无锡市文物商店征集。笔筒选取靠近根部的一节竹段，径大肉厚，平口，以竹节横膜为底。外壁取材历史故事，作者运用深浅浮雕，兼用透雕、阴线、阳刻等技法，刻画了淝水之战东山报捷的一幕。在悬崖峭壁之下，松柏虬曲苍劲，谢安与一老者对弈，谢安身后侍女二人互相交谈，老者身后一人转过身亦无心观棋，峭壁的另一侧，一骑兵勒马张望，作急切寻找的神态。画面通过刻画随从的心思不定和骑兵的神情急切，加上场景的幽深，凸显了谢安的沉着镇定和运筹帷幄决胜千里的智慧。笔筒构图丰满，布局得体，将竹刻与书画艺术很好的结合起来，是典型的嘉定派竹雕。笔筒皮色红润透亮，典雅端庄，为传世竹刻中难得的精品。

（杨启明）

17 竹雕人物笔筒

清（1644年-1911年）

高12.7厘米　直径8.5厘米

　　笔筒截竹而制，口沿微内斜、直壁、底承三足，筒面光润。器身以浅刻浮雕技法制成，筒身通景雕刻柳荫醉酒图。画面生动，再现柳荫下盘石处一高士半倚而坐，宽袍大袖，双目微闭略带醉意。书童藏于高士身后，左手捂口，右手持勺，透露窃喜之色，情景妙趣横生。整器构图生动有趣，刀法精湛，气韵不凡，描绘出一幅文人雅士恬静宜人之生活场景，意境深远。

（陶　冶）

18 潘西凤款竹雕高士雅集图小笔筒

清（1644年–1911年）

高11.5厘米 口径6厘米

笔筒圆口，下修三足，外壁减地雕刻山林景色，云烟涌动，画中山石树木，秀雅温和，松树姿态婉然，远山隐现，竹林苍郁，亭台楼阁及行旅、高士雅集纹饰，景物多变，此深秋清旷之景，神韵独绝。器壁之间，阴刻"老桐"阳文"凤"款。整器布局得宜，疏密有致，运刀流畅，粗中有细，利用竹表、竹肌的不同色泽和纹理，恰如其分地表现出景物的层次与立体感，当为清代中期竹雕精品之作。

潘西凤（1736年–1795年），字桐冈，号老桐、老同，别署天姥山樵，以字行。新昌人，是清代乾隆年间的竹雕大家。侨居扬州，与当时名流费执玉、郑板桥、李复堂、杨吉人、顾于观、李啸村、吴重光等人常相过从，潘西凤刻竹，多以"平面浅刻"为主，偶有透雕。所制作品与濮仲谦有相通之处，擅长阴刻、高浮雕、浅浮雕、留青等多种刻法。

（钱 奕）

19　紫檀嵌云石长方盒

清（1644年-1911年）

高8.3厘米　长12.8厘米　宽10.5厘米

紫檀木质，长方形，边缘起阳线，内有承盘。盒盖镶一片云石，款识："烟锁寒林，伯元审定。"朱文印："阮氏石。"其引人之处在于大理石质的纹理，有高山烟锁齐腰，烟霭空蒙而至天际之意境。

阮元（1764年-1849年），字伯元，号芸台、雷塘庵主、揅经老人、怡性老人，江苏仪征人。清朝中期官员、经学家、训诂学家、金石学家。乾隆五十四年（1789年）进士，史称其"身历乾、嘉文物鼎盛之时，主持风会数十年，海内学者奉为山斗焉"。所至之处，以提倡学术、振兴文教为自任，治绩斐然。道光二十九年（1849年），阮元去世，年八十六。获赐谥号"文达"。

（钱　奕）

20 杨龙石刻篆书松子手持

清（1644年–1911年）
周长25厘米 18粒

　　手持以18粒松子串成。每一颗以印章的形式双面刻篆书文字。之一刻："数声渔笛，桐孙。"边款：阳文印章"龙石。"之二刻："扫雪论茗，鸦阵。"边款："龙石刊。"之三刻："焚香读画，燕语。"阳文印章："杨。"之四刻："晓风残月，燕矗。"边款："俊翁正之。"之五刻："蕉窗听雨，柳线。"边款："龙刊于师竹居。"之六刻："挑灯夜读，鹤唳。"边款："己卯仲春作。"之七刻："半榻琴书，雪庵藏。"另有：围炉饮酒、竹院逢僧、闲云野鹤、剑胆琴心等。作者为清末雕刻名家杨龙石。

　　杨澥（1781年–1851年后），字竹唐，号龙石、聋石、野航子。松陵（今属江苏苏州市吴江区）人，中年移居苏州，以鬻艺为生。杨澥多才艺，工诗文，擅长金石文字与考据之学，凡周秦以来彝器碑碣，均能甄辨其流源与真伪。书法善楷、隶，篆书得《天发神谶碑》遗意。又擅长雕刻砚铭、石碑。尤精刻竹，刀法深圆，在扇骨上所刻山水、花草、人物，及缩摹金石文字，蝇头细书，穷工极巧，纤微毕现。

（吴维钊）

21　郭尚先款竹雕渔翁诗文笔筒

清（1644年–1911年）

高14.5厘米　直径10厘米

　　圆口，外壁雕诗文渔归图，开光内长髯渔翁头戴斗笠，手持鱼竿，身背鱼篓，满载而归之景象。采用减地阳雕技法，层次分明，线条流畅，雕工精致，状写物象，心拟刀随。笔筒刻有诗文"祇今然诺暂相许，终是悠悠行路心"。落款："兰石，郭尚先。"

　　郭尚先（1785年–1832年），字元开，号兰石，福建莆田人，嘉庆十四年（1809年）进士。工书法，善绘画，除山水之外，兼工兰竹。其篆刻则古朴浑厚，法度精严。郭尚先一生博学多艺，著述甚丰。

（钱　奕）

22 留青竹刻荷花蜻蜓纹扇骨

民国（1912年-1949年）
长31厘米 宽2厘米

扇骨双面皆刻留青花虫纹饰，一面刻荷花蜻蜓，荷叶辗转反侧虚实有度，苇叶顶端落一只蜻蜓振翅欲飞，动静相宜。上款题识：尚斋画慈庵刊，底部押角印章为阳文：尚斋。一面刻香瓜，硕果累累，枝蔓缠绕。线与面的组合，亮薄暗厚，视觉震撼。题识：庚辰九秋慈庵作。阳文印：支。

尚斋，即郭兰祥。字和庭，一字善徽，号尚斋，别号冰道人。能诗词，善画，又工篆刻。浙江嘉兴人，早期作品颇类吴秋农，花卉点染生动，山水略有倪云林之风。后结识顾鹤逸、吴昌硕等名画家，画艺精进，著有《尚斋画集》。

支慈庵，名谦，字南村，著名竹刻艺术大师，江苏吴县（今苏州）人，生于1904年，幼年即喜爱篆刻，后又学刻竹。善长留青浅刻、阴文浅刻和浮雕、透雕。而在臂搁背面的竹簧上作浅浮雕，更是一绝。由于他能书善画，所以很少依赖别人画稿，创作便不受画本拘束。他常常将几种刻法巧妙地运用在同一作品上，取得典雅精美的独特艺术效果。他对近现代江南竹刻艺术风格的形成，有很大影响。

（陶 冶）

23 梅凤林制黄腾鸟笼

民国（1912年-1949年）
高24.5厘米　宽22.8厘米　钩长19厘米

　　苏作黄腾笼，为常熟梅凤林所制。明清时期，不乏制作鸟笼的高手。延至近现代，制作鸟笼更为精致。有金三畏、梅凤林、乾荣、富堂等最为著名。

　　鸟笼呈正方体，红褐而有光晕，玲珑精美。笼丝以挺拔的竹丝制成，笼丝纤细，打磨浑圆，四角笼丝稍粗，精刻花卉，包浆古润。鸟笼其中一竹条内侧刻有横向"常熟凤凤林出品"烫印楷款，笼内中部设长跳梗，炮仗头成套，均圆雕缠枝葫芦纹饰。笼钩为大师徐钟明所制，深雕哪吒闹海盘龙钩。内置一对矾红描金双龙戏珠洪宪年制款鸟食缸，笼正面竹档和看面精刻常遇春搬救兵的故事。笼具一应俱全，整器用料考究，材质与装饰效果俱佳。

　　梅凤林，位于常熟牌楼档和慧日寺之间的寺前街北，各种鸟笼品种齐全，做工精良，式样奇巧，花色繁多，琳琅满目。

（陶　冶）

24 余伯雨 吴南愚合作
留青竹刻山水扇骨

民国（1912年-1949年）

长30.3厘米 宽2厘米

　　扇骨呈古方头，双面皆刻留青山水图。一面题识："柳浪闻莺，伯雨作。"阴文印："伯雨。"此作远山近水，一个老者翘首静听，只见柳树不见黄鹂。使神韵气骨于画里，情趣意境于画外。底部为阴文印："伯雨""作画"。一面题识："葛岭品泉，江都南愚刊。"阴文印："吴二"。刻虬松，悬崖，山涧流水。阴文印："岳""之印"。

　　余伯雨，晚清民国时期刻骨大家，字佛元，号江东老龙，又号雕龙轩主，善单刀刻，尤擅阳刻。所刻扇骨，章法井然，人物形态颇为生动，线条遒劲有力，有轻重、粗细、缓急之变化，文字刊刻甚精。于扇边作山水人物，并喜题长跋，饶富文人画韵。

　　吴南愚（1894年-1942年），名岳，字南愚。以字行，江都市仙女镇人。学养深厚，善于博采众长，所刻作品无论是象牙微刻、细刻，还是竹扇骨，都以格调高雅、刀工精湛而著称。

（陶　冶）

25 余伯雨 留青竹刻婴戏纹扇骨

民国（1912年–1949年）

长31厘米 宽2厘米

扇骨呈古方头，双面皆刻婴戏人物，一面刻放风筝，题识："春风吹羽毛，红线凌九霄。"落款："江东竹庵刊。"印章为阴文："竹。"底部印章为阳文："竹庵。"一面刻拍球图。题识："拍球图，癸未春月江东老龙作画。"印章为阴文："余。"底部印章二方，阳文："竹庵。"阴文："作画。"雕刻刀法明快，衣纹流畅，人物生动传神。

（陶　冶）

26 竹刻皮雕兰亭集序扇骨

民国（1912年-1949年）
长30厘米 宽2厘米

　　呈马镫方头，通体以减地阳雕的手法刻行楷《兰亭集序》，字体以欧体布局，给人感觉法度森严，笔力凝聚。既欹侧险峻，又严谨工整。欹侧中保持稳健，紧凑中不失疏朗。咫尺内刻三百多字，且书法遒劲秀美，地张平整。落款处题识："公权先生正之，又如刊。"阳文联珠印："杨·又如。"杨又如其人目前无考。上款公权，即张嘉璈（1889年-1979年），字公权，江苏宝山（今属上海）人，曾任北京参议院秘书长，国民政府财政顾问委员会副主席，铁道部部长，交通部部长，中央银行总裁、中央信托局理事长等职。1949年5月移居澳大利亚。

（陶　冶）

27 竹浅刻荷花诗文扇骨

民国（1912年–1949年）

长31.5厘米 宽2厘米

　　扇骨呈挑灯方头，小骨和边道髹黑漆。一面浅刻行楷诗文：
"晚来石湖上，秋色转茫茫。落日映山紫，低云著岸黄。人将收
网去，鸟亦认巢忙。最是桥头好，先邀明月光。戊辰初夏晚宜楼
集一律，吴江仲经作于小方壶馆之南窗。"阳文印："仲经。"
诗文选自晚宜楼集，作者毛莹，字湛光，一字休文，号大休老
人，明末清初江苏松陵（现属苏州市吴中区）人，晚明诸生。一
面刻荷花图，以线刻和减地阳刻的手法，表现荷花花苞，荷叶和
花茎，层次分明。题识："秋风莫傍琳池过，仲又笔。"阳文
印："祥生。"仲经，即庞仲经（1895年–1953年），字祥生，江
苏苏州人，善刻竹，精于选材。

（吴维钊）

06
杂项
溯古凝瑛

1 铜三足金蟾砚滴

宋（960年-1279年）

高5厘米　长9.5厘米　宽5厘米

砚滴以金蟾为型。金蟾立眉突目，昂首朝天。背部满布乳钉纹，背部开口，口部有流，口孔较小，背孔较大，应由背孔注水，口孔向砚内滴水，供研墨之用。下距三足，鼓腹中空。该器的制作，构思精巧，形象逼真。民间有传说，四足为蟾蜍，三足为金蟾，在神话传说中是吉祥之物，可吸财镇宅辟邪。古人以金蟾形制作成为砚滴，可谓是向往美好生活，独具匠心。

（吴维钊）

2 莲花化生金耳环

明（1368年－1644年）

高4.2厘米

　　童子立于仰莲之上，头系三个发髻，衣襟和后背点琢花装饰，金丝帔帛螺旋状垂于两旁，手中捧花盘，盘心有孔，莲花梗由下向上焊于童子背后延展，露出三分之二长，弯曲做耳环针。"化生"之名源出释典，唐、宋等时期在各种艺术品中呈现。

（孙政峰）

3　铜五峰笔山

明（1368年–1644年）

高7厘米　长13.8厘米　宽2.6厘米

　　笔山为五峰，中部高耸，褶壑为谷，点坑作石，山峦叠嶂，主峰下铸有书生与灵芝仙草，人物刻画栩栩如生。整体铜质厚重，包浆油润，极为精美。

（孙政峰）

4 铜压经炉

明（1368年-1644年）

高7.5厘米 宽20厘米 直径16.5厘米

　　圆唇，短颈，圆腹略扁，下承三足，炉体现上收下放之势。两侧置一对圆形錾耳，耳角出牙。铜质精纯，铸造规矩，造型光素古拙，皮色棕红内敛。底刻"大明宣德年制"六字篆书款，字体规整端庄，线条硬朗。

　　压经炉在明宣德年间为赏赐寺院之器，因造型庄重大方受人青睐。摆至书房甚为雅致，数百年的历史积淀随燃香渺渺飘散。

（陶　冶）

5 播喊怀表

清（1644年–1911年）

通高8厘米 厚2厘米 直径5.45厘米

鎏金表壳，手动钥匙上弦，表盖暗花底纹珐琅彩绘西洋人物，盖内刻花瓣纹"播喊"二字；鎏金雕花机芯，上刻"播喊"款；蓝钢三斧式三档钢摆轮；"工"字轮擒纵，珐琅表盘；蓝钢大三针；罗马数字小时刻度；阿拉伯数字分钟刻度，珍珠镶嵌表圈。此表外观华丽，制作精美。

来自瑞士的顶级手表品牌"播喊"（Bovet）跟中国有着不解的缘分。早在1822年（清道光年间），Bovet的创始人Edouard Bovet就开始向清廷的王公贵族们出售昂贵的高档西洋钟表，且Bovet很快成为中国富豪们最喜爱的钟表品牌。

清朝王室贵族宠爱的彩绘艺术无论在古代或是现今社会都一直深受中国人喜爱。19世纪初，Bovet从瑞士漂洋过海来中国，并于1822年在广州创立名为"播喊"的钟表品牌，成为当时家喻户晓的瑞士顶级品牌，更深受清朝王室贵族宠爱，清代大臣李鸿章便是"播喊"的爱好者。

（孙政峰）

6 王士慎刻款灵芝九如纹端砚附红木砚盒

清（1644年–1911年）

长22厘米　宽14厘米　厚2.4厘米

端砚，长方形，红木砚盒。盒盖刻："墨池。裁红山房收藏嘱题，顽伯邓石如并刻。"阳文印："顽伯。"

砚堂平整如砥，上方凿一墨池，浮雕灵芝六朵，其间石雕成书卷形，上刻篆书阳文"九如"。墨池周围刻夔龙纹，线条明快简练，运刀苍劲圆浑。

砚背刻："非芝之紫，得茶之白。一世二世，赵宋之石。君工书兼能诗，莫写灰堆山，且题幼媥辞。康熙己巳仲春书为巢空上人法鉴。王士慎。"阴文印"渔洋山人"。

"九如"语出《诗经·小雅·天保》，诗云："如山如阜，如岗如陵，如川之方至，以莫不增……如月之恒，如南山之寿，不骞不崩，如松柏之茂，无不尔或承。"后世成为对他人祝福的最崇高境界。

邓石如（1743年–1805年），初名琰，字石如，避嘉庆帝讳，遂以字行，后更字顽伯，因居皖公山下，又号笈游道人、完白山人、凤水渔长、龙山樵长，安徽怀宁县白麟畈（今安庆市宜秀区五横乡白麟村）邓家大屋人，清代篆刻家、书法家，邓派篆刻创始人，有《完白山人篆刻偶存》存世。

王士慎（1634年–1711年），字子真，一字贻上，号阮亭，又号渔洋山人，世称王渔洋，新城（今山东桓台县）人，清代著名诗人。

（钱 奕）

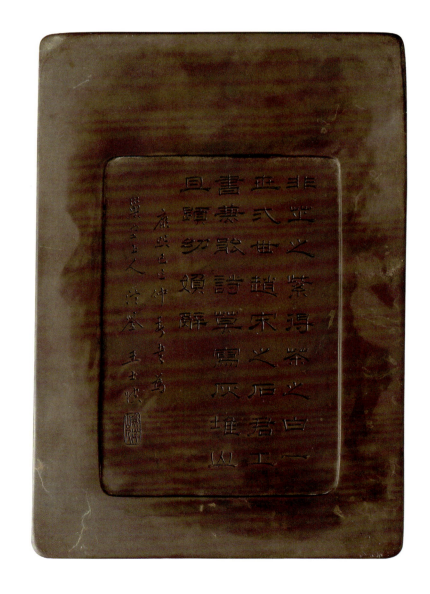

280

7 汉白玉刻山水水仙盆

清（1644年-1911年）

高3.8厘米　长27厘米　宽16.3厘米

撇口，唇边，菱形浅足。两面浅刻薄意山水，一面为秋林读书，题刻楷书："道光二十年四月楳華谿上老人钱泳并刊。"刻篆书印"钱"；另一面春江泛舟，题刻楷书款："楳谿。"刻篆书章"钱氏"。线条简洁淡雅，清新飘逸，尽显文人画之神韵。

钱泳（1759年-1844年），清学者、书法家。字立群，一字梅溪，号梅花溪居士，金匮县泰伯乡西庄桥（今江苏省无锡市鸿山镇后宅西庄桥）人。钱泳历乾隆、嘉庆、道光三朝，是清代著名学者，生前精通金石碑版之学，尤善篆书。钱泳著作甚丰，有《说文识小录》《守望新书》《履国金石目》《履园丛话》《述德编》《登楼杂记》《铁卷考》等三十余种。

（孙政峰）

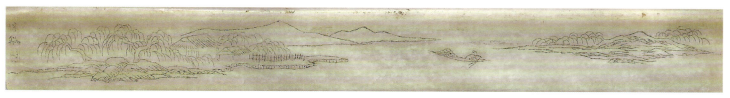

8 潘祥丰款铜手炉

清（1644年-1911年）

高10厘米　宽9.5厘米

炉身略呈圆角方形，腹下渐收，内壁可见清晰的锤鍱痕迹。上设提梁，炉盖作镂空雕花，花纹精细，足见工艺精湛。底承四足，镌刻"潘祥丰制"四字阴刻楷书款，通体栗皮光润，包浆醇厚莹润，宝光熠熠。

潘祥丰，明末铜炉工艺名家，擅长铸造铜炉，所作器物式样高古，精美绝伦。为晚明至清早期制作手炉的四大名家之一。

（钱　奕）

9 铜桥耳炉

清（1644年–1911年）
直径20厘米 高14.5厘米

炉身作外翻唇口，束颈鼓腹，上起双桥耳，下承三乳足。造型沉稳典雅，线条婉转隽秀，色如蒸栗，柔光内敛，古朴沉稳。炉底刻"宣德年制"长脚篆书款，款为铸后精修，字体平整端正，转折利落，颇具法度。

桥耳三足炉，是宣德炉的经典炉型之一，因耳如凌波虹桥得名。桥耳炉亦称"凤眼炉"，因耳细长，似丹凤之目而得名；若耳浑圆，则称"虎眼炉"。据《宣德彝器图谱》载，为宣宗用以御赐国子监祭酒的炉款。

（陶　冶）

10 铜压经炉

清（1644年–1911年）

直径12.3厘米　高7厘米

　　铜质精纯，胎体厚重，平口微侈，束颈，弧腹自然下收，底承三乳足，炉颈两侧对称出环形鋬耳，耳上各出一小角。器形庄重沉稳，炉身光素古雅，包浆润泽自然。底部减地阳文刻"松月侣"三字篆书款，款识规整工整。

　　"松月侣"为私人斋堂款，松涛万壑，明月当空，青烟缭绕。突显悠然于松、月之风骨。

（陶　冶）

11　菱花形铜手炉

清（1644年-1911年）
高11厘米　长13.3厘米　宽10.8厘米

红铜材质，椭圆盖，瓜楞腹，腹部起有提梁，卧足，底刻"张鸣岐制"四字一行阴刻篆书款。炉盖作几何如意花卉，器身铜质优良，皮壳光亮，造型饱满。

张鸣岐，明代浙江嘉兴人，生卒不详，善制铜手炉，因以手工锤敲，炉身厚薄均匀，花纹精细，时称"张炉"。清人彭孙遹曾在《金粟闺词》咏其温炉云："薄寒初荐锦氍毹，朔气空中通坐隅。不惜马蹄金一饼，鸳鸯湖畔铸张炉。"

（孙政峰）

12 铜鬲式炉

清（1644年–1911年）

高6.5厘米 直径14.5厘米

鬲式炉，又称素圆鼎，是由新石器时代陶鬲和上三代青铜鬲演化而来的一种器形。南宋赵希鹄《洞天清禄集·古钟鼎彝器辨》曰："今所谓香炉，皆以古人宗庙祭器为之。"后世所铸之铜炉大多具有三代鼎彝的遗风。故鬲式炉多陈列于厅堂、佛堂等居中的重要位置。

炉口宽平起沿，束颈起上下两道弦纹，鼓腹扁圆，顺势出三柱足。炉底落"大明宣德年制"六字楷书款。书体方正严整，笔画间架一丝不苟，有馆阁之风。器形协调而显厚重，炉身光润，饶有意趣。

（陶　冶）

13 铜狮耳炉

清（1644年－1911年）

高6.2厘米　长17厘米　直径15厘米

炉身簋式，平口略侈，短束颈，鼓腹，圈足外撇。炉身两侧塑狮首耳，双耳铸而后刻，狮鬣卷曲，宽口阔鼻，凶猛威武。底刻"琴书侣"三字篆书款，笔画圆润，字体古朴。炉形规整，绿绣斑驳，深沉古雅。

（陶　冶）

14　铜蚰耳炉

清（1644年–1911年）
直径13厘米　高6.5厘米

　　炉做蚰耳簋式。平口微侈。束颈鼓腹。下承圈足，圈足微外撇。腹出一双蚰龙耳，线条柔美，留孔适度。整体造型圆润，线条流畅，虽无纹饰，却现商周鼎彝之风韵。底刻"大明宣德年制"六字楷书款。

　　据记载，蚰耳炉器形仿自宋代定窑瓷器。因耳为龙身，曲弯如蚰蜒而得名。《易·系辞》云："尺蠖之屈，以求信也，龙蛇之蛰，以存身也。故古代帝王，文人皆喜爱之。《宣德鼎彝谱画》赞其："款制大雅为诸炉之冠。"

（陶　冶）

15 铜压经炉

清（1644年–1911年）
高8.3厘米　宽20厘米　直径15厘米

压经炉亦称"押经炉"，为佛家燃香诵经之用器。据《宣炉小志》释："名不可考，式扁浅，两耳有圈，三足列棋子状，俗指为焚香，可置佛经上，故称压经。"

此炉口平厚微侈，束颈弧腹，下乘三乳丁足。肩腹部置方式錾耳，与炉之平口相呼应，耳起一角，点睛提势。皮色黑漆，温润素雅。炉底刻"宣德年制"四字篆书款，字体修长，转折平直。周身光素无纹，简朴归真。

（陶　冶）

16　铜胎画珐琅人物大盘

清　康熙（1662年–1722年）

高8厘米　直径67.5厘米

口微敛，浅腹，矮圈足。盘口边饰开光，分别绘有"花开富贵""松鹤遐龄""并蒂和谐""玉堂富贵""以介眉寿"花鸟吉祥图案。

盘心以红、绿、蓝、赭等珐琅彩料，绘亭台殿宇，布局合理，远近呼应，梧桐苔草、山石高低错落有致。所绘故事人物远近主次神态对比鲜明，取材《红拂记》，为唐初名将李靖授印封金、赏穿玉带的传奇故事。刻画细腻生动，运笔流畅，一草一木透露出写意的深远意境，与人物之境相融，体现出清代早期人物题材画珐琅的制造水平，其工艺精良，色泽饱满，富丽堂皇。

盘外壁施黄珐琅彩为地，其上满绘缠枝莲纹，内衬仿古夔龙纹，龙身线条曲折，形象逼真，动感十足。盘底以白料做底，绘五福夔凤纹饰。整体构图饱满，珐琅材料设色浓淡交织。画珐琅是在铜胎上绘画珐琅的复合工艺，清代康熙年间，欧洲彩绘珐琅工艺品传入我国宫廷，旋即受到皇室们的喜爱。

（孙政峰）

17　铜胎掐丝珐琅水盂

清 乾隆（1736年－1795年）
高2.8厘米　宽5.3厘米

　　水盂铜胎掐丝嵌珐琅，呈四方形，顶部开小园口，四角内倭，顶部饰四组对称变形如意云头纹，四壁为宝相花纹，表面露铜部分及底部均鎏金。造型方圆有度，做工精致小巧。

（陶　冶）

18　乌铜鎏金喜鹊登梅纹香盒

清 乾隆（1736年–1795年）

高3厘米　直径6厘米

此盒形制文雅，扁圆形，盒盖与盒身以子母口相扣，盖面圆拱，底承圈足，盒顶中心葵花式开光，珍珠满地，开光内浮雕鎏金喜鹊登梅和双鹿纹图案，镌刻细致，形象传神，寓意吉祥。开光面积虽小，却表现出鸟语花香、一派无限春光之场景。盒身壁侧亦以铁笔阴刻花卉图案，工艺精美，纹饰高雅。

此盒采用了三种造办处特有的工艺，即乌铜，高起花局部鎏金，乌铜走金。庄重中见工致，繁复中见高贵，鎏金浑厚，精工巧制。

（吴维钊）

19 杨彭年制竹隐铭三镶紫砂锡包壶

清 道光（1821年－1850年）

高9.4厘米 长16厘米 宽9厘米

　　紫砂外包锡皮，呈六方井栏式，壶身上收下放，平肩六方嵌盖，直流，把弯曲，碧玉钮、柄镶翠玉，壶身简洁、明快，线面结合，线角转折清晰有力。壶身六面镌刻诗文，一刻隶书"小石冷泉留早味，紫泥新品泛春华。竹隐铁笔"。另刻行书"煮甘泉，烧红叶，一榻清风半帘明月。道光甲午秋日竹隐居士作"。读诗有画意，观字见精神，有一种含蓄的洒丽在其中，尽显文人意趣。壶内底钤阳文篆书"杨彭年制"方印。

　　此类锡包壶因壶的钮、流、把三部分镶玉，又称"三颗玉"，古人认为玉能生香，雅称"三香壶"。

　　贺桂，女，字秋安，号竹隐居士，莲花厅人。家中藏书甚丰，工书法诗词，善鼓琴，尤精篆刻和治印，著有《竹隐楼诗草》。

　　杨彭年，字二泉，号大鹏，清嘉庆、道光年间宜兴制壶名手，荆溪人。《耕砚田笔记》载"彭年善制砂壶，始复捏造之法，虽随意制成，自有天然风致"。其善铭刻、工隶书。

（钱　奕）

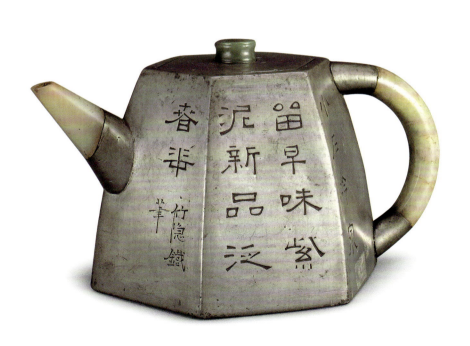

20 白铜刻古陶文镇纸

民国（1912年–1949年）
长26.3厘米　宽3.7厘米　厚0.5厘米

　　镇纸为银白铜质，厚板。精刻摹古瓦当文字，并刻有研究考据，款识："茫父。"上款："寒厓叔祖父大人六旬寿辰。"下款："侄孙女诵昭、卓如谨祝。"孙诵昭和姚茫父同为北京女子师范学校的同仁，嘱茫父刻此镇纸为寿礼。孙诵昭只知为北京画家，亦是无锡明代状元孙继皋的后人，又是齐白石的女弟子，为无锡乡贤之中比较杰出的人物。

　　姚华（1876年–1930年），字一鄂，号重光，一号茫父，别号莲花庵主。贵州贵筑（今贵阳）人，光绪三十年（1904年）进士，授工部虞衡司主事。戊戌变法时东渡日本，就读于法政大学。归国后改任邮传部船政司主事兼邮政司科长。民国后任贵州省参议院议员，后任北京女子师范大学校长。

　　孙揆均（1866年–1941年），字叔方，又名道毅，号寒厓、江东孙叔、叔舫、老虎、鹤主（来鹤楼主人），江苏无锡人，孙继皋第九世裔孙。

　　孙诵昭（1878年–1968年），女，字宋若。江苏无锡人。能诗文，画花卉。擅长中国画。曾任中央文史馆馆员，北京中国画院画师。齐白石的女弟子中的首徒，北京女子高级师范学校、尚义女子师范学校教授图画。

　　孙卓如，曾任无锡辅仁女中教员，会吟诗作画。

（陶　冶）

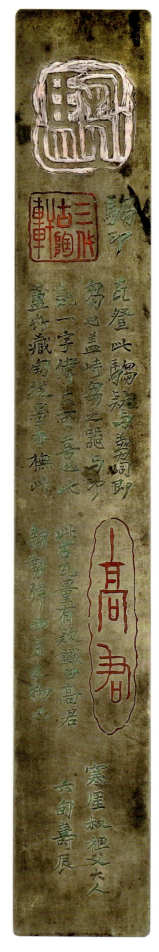

296

21 铜错金篆文看面

民国（1912年–1949年）

长5厘米　宽3厘米

　　看面铜质，呈弧面卷边书卷形，造型精巧简约。正面满施错金篆文，文字工整端正，古意盎然间亦见刻者功力。文字末端落徐钟明自创的"钟明"暗款。看面底色暗褐与金字黄色相应，更显古朴雅致。

（陶　冶）

22　铜错金禹铸九鼎纹鸟笼钩

民国（1912年-1949年）

长19厘米

　　铜质，钩身方形上错金楷书。方形倭角钩盘，饰错金《禹铸九鼎图》，落文：禹铸九鼎，汉书及他纪载皆同。金氏履祥独据墨子之说，以为后启所铸。舍经传而从子书，非是至铸鼎象物。左传犹称近古胡氏宏入，以为图九州道里贡赋，得以称象物耶。盖好异逞臆之病，纪事者所不免。落款："铁痴"；暗款为图标，钟形，内错"日""月"图形，合读"钟明"。

　　徐钟明，自号"铁痴"。原在无锡做铁匠，后至上海，遂改行铜匠。钟明钩的材质多为铜合金，作品分文武二式。文钩较素雅，以错金技法为主；武钩则气度豪壮，集造型、绘画、錾刻、镶嵌等工艺为一体，精美绝伦的钟明钩，在民国时曾冠称一时。

（陶　冶）

23　铜雕岳母刺字纹鸟笼钩

民国（1912年-1949年）

长21厘米

　　铜质，钩身浮雕螭龙纹，圆形钩盘，錾刻《岳母刺字 精忠报国图》，落文："教子成名，精忠报国，百世流芳，南翔延陵。九如。"落错金款：年五五；暗款为图识，錾一古钟，内刻象形文字"日"和"月"二字，合意"钟明"。

　　此钩锻造精良，雕琢纤细毕现，展现高超的雕刻技艺。

（陶　冶）

24 铜错金李靖别虬髯纹鸟笼钩

民国（1912年-1949年）

长20厘米

　　铜质，钩身方形上错金行书。方形倭角钩盘，饰错金《李靖别虬髯图》，落文：靖知虬髯成功也。归告张氏，共沥酒向东南拜而贺之。乃知真人之兴非英雄所冀。况非英雄者乎！人臣之谬思乱者，乃螳臂之拒走轮耳。落款：铁痴；暗款为图识，钟形，内错"日""月"图形，合读"钟明"。

（陶　冶）

25 铜错金三英战吕布纹鸟笼钩

民国（1912年–1949年）

长21厘米

铜质，钩身竹节形鎏金银星。圆形钩盘，饰错金《三英战吕布图》，落文："破关兵三英战吕布回，翻身飞上虎牢关。"落款：云林题。

（陶 冶）

《集古梁溪》在成书过程中，得到了无锡博物院、无锡市文物保护中心及相关人士的大力支持和协助，谨此鸣谢！

诠释：许晓荣　孙政峰　吴维钊　吴霄宏　沈贤萍　邵　燕　杨启明
　　　张　帆　钱　奕　陶　冶　蒋晓波　鲍佳铖　蔡华杰　薛正伟
拓印：顾大可
摄影：卫安钢　陆　俊

图书在版编目(CIP)数据

集古梁溪 : 无锡市文物交流中心甲子臻萃 / 陶冶编
著. -- 上海 : 上海书画出版社, 2021.12
ISBN 978-7-5479-2760-1

Ⅰ.①集… Ⅱ.①陶… Ⅲ.①文物—收藏—无锡—文
集 Ⅳ.①G262-53

中国版本图书馆CIP数据核字(2021)第253409号

集古梁溪

无锡市文物交流中心甲子·臻萃

陶冶　编著

责任编辑	王　彬　金国明
审　　读	雍琦
装帧设计	汪　超　王贝妮
图文制作	包卫刚
技术编辑	包赛明

出版发行	上 海 世 纪 出 版 集 团
	上海书画出版社
地　　址	上海市闵行区号景路159弄A座4楼
邮政编码	201101
网　　址	www.ewen.co
	www.shshuhua.com
E－mail	shcpph@163.com
设计制作	上海维翰艺术设计有限公司
印　　刷	上海中华商务联合印刷有限公司
经　　销	各地新华书店
开　　本	635×965　1/8
印　　张	38
版　　次	2021年12月第1版　2021年12月第1次印刷

书　　号	**ISBN 978-7-5479-2760-1**
定　　价	**380.00元**

若有印刷、装订质量问题,请与承印厂联系